KB233091

센텐스 그리스도인의 품성론(品性論)

센텐스 성경연구 시리즈 3

센텐스 그리스도인의 품성론(品性論)

김 용 기 지음

1판 1쇄 / 2009. 02. 01

펴낸이 / 최헌근
펴낸곳 / 말씀과만남
등록번호 / 제20-444호
등록일자 / 1991. 6. 19

138-220 서울특별시 송파구 잠실동 339-3
전화 / (031)594-6327 팩스 (031)594-6328
전자우편 / mmpress@hanmail.net

ISBN 978-89-7508-228-3(03230)

값 12,000원

잘못된 책은 바꾸어 드립니다.

센텐스 성경연구 시리즈 3

생명과 성숙 그리고 기쁨의 길로 인도하는 새로운 형태의 성경연구

센텐스 그리스도인의 품성론(品性論)

김용기 지음

말씀과만남

할렐루야 주님의 이름으로 문안드립니다. 먼저 〈센텐스 성경연구 시리즈〉 최종편인 〈센텐스 그리스도인의 품성론〉이 세상에 나오게 됨을 하나님께 영광을 돌립니다. 저자는 이전에 〈센텐스 예화 성경연구〉와 〈센텐스 성경 맥 연구〉를 펴낸바 있습니다. 본서는 자매편이자 최종편입니다. 건축으로 치면 〈센텐스 예화 성경연구〉는 기초공사에 해당합니다. 그리고 〈센텐스 성경 맥 연구〉는 기초 공사를 지나서 하는 골절 공사에 해당합니다. 그리고 본서는 내장 및 인테리어 공사에 해당합니다. 독자들은 본서까지 공부하게 될 때 아름다운 신앙인으로 성장해 나갈 수가 있을 것입니다.

지난 날 하나님은 우리 한국교회에 놀라운 은혜를 주셨습니다. 그래서 한국교회는 크게 부흥되어 엄청난 잠재력을 가진 세계적인 교회가 되었습니다. 특히 선교한국을 위해 수고함으로 말미암아 세계 제2대 선교대국이 되었습니다. 놀라운 하나님의 축복이라 아니할 수 없습니다. 그러나 산이 높으면 골이 깊다는 말대로 한국교회는 너무나도 빠른 초고속 성장을 통하여 수많은 문제점을 양산시키고 있는 교회 중에 하나가 되었습니다. 그것은 그리스도를 닮아 가는 과정이 약해져서 사회의 빛과 소금이 되지 못하고 있는 안타까운 현실이 되었습니다. 수많은 사회적인 범죄에 적지 않은 그리스도인들의 이름이 오르내리고 있습니다. 교회의 존경도가 상상할 수 없이 낮은 현실 속에 급기야 교회는 마이너스 성장을 향해 힘차게 내리닫고 있습니다. 드디어 한국교회의 위기가 도래하고 있습니다.

이때 우리는 월드컵 4강 신화의 주인공인 히딩크 감독의 교훈을 기억해야 합니다. 〈기본으로 돌아가라〉 〈기본기를 익히라〉는 말입니다. 그렇습니다. 우리 한국교회는 다시 시작해야 합니다. 다시금 기본기를 익힐 때가 되었습니다. 기본체력이 없이 나아가다가는 한국교회라고 하는 거대한 배가 파선하게 될 것입니다. 그러므로 다시금 정비해야합니다. 그리스도인이란 〈그리스도를 따라가는 사람〉을 말합니다. 그리스도를 따라간다는 것은 그리스도의 제자로서 그 말씀대로 그대로 순종하며 사는 것을 말합니다. 이것이 없는 교회부흥은 거품부흥이요 세월이 가면 갈수록 거품이 빠지고 기독교는 쇠락의 길을 걸어가게 될 것입니다.

그리스도인이 된다는 것은 주님을 닮아 사는 것을 말합니다. 작은 예수가 되는 것입니다. 물론 우리가 예수님처럼 된다는 것은 불가능한 일입니다. 우리에게는 누구나 원죄와 죄성이란 아픔의 가시가 박혀 있기 때문입니다. 그러나 주님의 말씀대로 순종하며 주님을 닮아 살려고 노력하고 최선을 다하는 모습 속에 하나님은 기뻐할 것이요, 세상은 기독교의 손을 다시 들어주게 될 것이요 기독교는 그 날 비로소 세상의 빛이 되고 소금이 될 수 있을 것입니다.

본서의 내용은 센텐스(문장)형식으로 엮어 놓았기 때문에 일목요연하게 주님의 교훈을 기억할 수 있을 것입니다. 그리고 주님의 생각과 행동을 그대로 따라가면서 정리해 놓았기 때문에 독자들은 이 책을 마칠 때쯤에는 작은 예수로 살아갈 수 있는 기초를 닦을 수 있으리라 확신합니다.

하나님께서 3년 동안의 모든 과정을 집필할 수 있도록 도와주셨습니다. 수많은 성도들의 기도와 성원 속에 이 책이 세상에 나오게 되었습니다. 그러나 이 책은 완성된 작품이 아닙니다. 다만 예수님을 닮아 살려고 노력하는 사람들에게 드리는 최소한의 안내서에 불과합니다. 우리가 예수님을 닮아 살려고 하는 기간은 우리의 삶이 진행되는 모든 시간이기 때문입니다. 모든 영광을 하나님께 돌립니다. 이 책을 사용하시는 모든 분들에게 아름다운 예수의 사람으로 나아가는 데 일조(一助)를 드리기를 원합니다.

대구 북부교회 목양실에서 김 용기 목사

그리스도인의 품성이란

1. 그리스도를 바라보면서

2. 그리스도처럼 생각하고(지)

3. 그리스도처럼 느끼고(정)

그리스도인의 품성이란

1. 그리스도를 바라보면서

말씀과
기도를 통한
성령의 인도를 받아 살면
예수님처럼 살아가는 가능성을 체험하게 됩니다.

(제1과 **말씀** – 그리스도를 바라보면서 –)

* 요 1:14 – 말씀이 육신이 되어 우리 가운데 거하시매 우리가 그의 영광을 보니 아버지의 독생자의 영광이요 은혜와 진리가 충만 하더라 (암송말씀)

* 톨스토이 – 모든 사람들은 인간이 변화되어야 한다는 것을 생각하고 있으나 자기 자신이 변화 되어야 한다는 것은 생각하지 않는다.

말씀과 그리스도는 깊은 연관관계가 있습니다. 원래 그리스도는 말씀이셨습니다. 이 말씀이 육신이 되신 분이 그리스도이십니다. 이 말씀이 성령으로 잉태된 분이 예수님이십니다. 말씀은 생명이요 빛이십니다. 예수님은 자신을 생명의 떡이라고 말씀하셨습니다. 말씀되신 분이 말씀과 함께 사셨고 그 말씀은 문자화되어서 우리에게 주어져 있습니다. 그러므로 그리스도를 닮아 살려고 하는 사람에게 말씀은 필수적 생명이 됩니다. 말씀 속에 살아갈 때 우리는 주님의 생명과 인격 속에 살아가게 됩니다. 또한 이렇게 살아가게 될 때 자연스럽게 주님을 닮아 갈 수가 있습니다.

서론

(1) 하나님 말씀을 가까이 하기 위한 최선의 방법은 무엇이라고 생각하십니까?

(2) 말씀의 인격을 갖추기 위해 힘써야 할 분야는 어떤 것들이 있다고 생각하십니까?

1. 말씀과 주님과의 연관성

(1) 말씀의 유래와 인격성

  ① 유래 / 요 1:1.............................　② 인격성 / 요 1:14...............................

(2) 말씀의 상징과 실체

  ① 상징 / 요 6:49~51.......................　② 실체 / 요 6:48...............................

어려운 광야 길의 나날의 여행은 그리스도와 함께 가야 합니다. 그리스도의 생명과 연결되어 살아가야 합니다. 하나님은 하루도 빠짐없이 이스라엘 백성들에게 만나를 공급해 주셨습니다. 우리가 하나님을 날마다 의지하면 하나님은 날마다 우리에게 은혜를 공급하십니다.

함께 나누기
가장 최근에 가장 크게 감동적으로 공급받은 은혜를 함께 나누어 봅시다.

2. 주님과 말씀

묵상도우미
바느질에 능숙한 가정주부처럼, 자기 장부에 통달한 상인처럼, 또한 자기 배에 익숙한 선원처럼 우리는 성경에 정통해야 한다.(스펄전)

A. 시험을 극복하는 무기

(1) 벧전 4:12, 약 1:2 / 시험에 대한 태도

  ① 소극적 태도...............................　② 적극적 태도...............................

(2) 벧전 5:8 / 시험에 대한 묘사...

(3) 예수님의 말씀 인용
 ① 마귀의 시험
마 4:6 – 이르되 네가 만일 하나님의 아들이어든 뛰어내리라 (   ) 그가 너를 위하여 그의
사자들을 명하시리니 그들이 손으로 너를 받들어 발이 돌에 부딪치지 않게 하리로다 하였느니라

 ② 예수님의 응전 / 마 4:7 ....

즐거운 신앙생활
마귀도 말씀을 인용함 : 아프리카에서 선교하던 선교사님이 정글을 헤치며 나아가는데 갑자기 사자
한 마리가 숲속에서 뛰어나왔습니다. 겁에 질린 선교사님이 엉겁결에 기도하기를 "오, 하나님 저
를 불쌍히 여기시고 저 사자를 구원하사 크리스천이 되게 하옵소서"라고 했습니다. 그러자 사자가
갑자기 두 발을 공손히 모으고 기도하더랍니다. 그런데 다음 순간 사자의 기도소리가 들려옵니
다. "오늘날 일용할 양식을 주시니 감사합니다."

B. 거룩한 삶을 위해

묵상도우미
성경은 우리의 지식을 증가시키기 위해 주어진 것이 아니라, 우리의 삶을 변화시키기 위해 주어졌
다.(무디)

(1) 무엇이 베드로를 다시 회개의 자리로 이끌었습니까?

 눅 22:61-62 ....

(2) 성령이 원하시면 내가 듣지 못한 말씀도 생각날 수 있습니다. 그러나 일반적인 성령의 약속은
무엇입니까?

 요 14:26 ....

(3) 말씀은 우리를 시험에서 보호해주심과 동시에 적극적으로 우리를 어떻게 해 주는가?

　시 119:9 ....

(4) 예수님의 기도제목은 무엇입니까?

　요 17:15 ....

그런데 그것이 어떻게 가능할 수 있다고 주님은 생각하셨습니까?

　요 17:17 ....

C. 주님의 뜻을 이루기 위해

말씀암송이 주님의 뜻을 이룬다는 것이 무슨 말입니까? 성경 말씀 자체가 곧 하나님의 뜻의 계시입니다. 따라서 말씀을 가까이 묵상하면 우리의 인생이 하나님의 뜻에 접근하게 되는 것입니다.

(1) 하나님의 말씀의 목표 / 사 55:11 ....

(2) 우리의 준비 / 벧전 3:15 ....

(3) 주님의 마지막 운명의 말씀은 성경암송이셨습니다.

마 27:46 - 제 구시쯤에 예수께서 크게 소리 질러 이르시되 엘리 엘리 라마 사박다니 하시니 이는 곧 나의 하나님, 나의 하나님, 어찌하여 나를 버리셨나이까 하는 뜻이라

인용1 / 시 22:1...

눅 23:46 - 아버지 내 영혼을 아버지 손에 부탁 하나이다

인용2 / 시 31:5...

미국 달라스 신학교의 하워드 헨드릭슨 교수는 신앙생활을 하는 사람들을 대하는 태도에 따라 세 종류로 구분해서 설명했습니다. 첫째는 '피마자 기름형'입니다. 성경 말씀이 아주 쓴 사람입니다. 그래서 성경을 입에 대는 것을 별로 좋아하지 않습니다. 가끔 어려운 일만 당할 때만 겨우 성경을 펼칩니다. 어려운 부분을 치료하는 데는 조금 효과가 있다고 믿습니다. 둘째는 '현미밥형'입니다. 이들은 말씀이 몸에 좋다는 것은 알기 때문에 먹기는 하는데 너무 입이 빽빽해서 한 양동이의 건초를 먹는 것과 같다고 느끼는 사람들입니다. 이들은 아직까지 성경의 깊은 맛을 몰라 의무감으로 성경을 대합니다. 셋째는 '딸기 아이스크림형'의 사람이 있습니다. 이 사람들은 아무리 먹고 또 먹어도 성이 안차는 사람들입니다. 진수성찬을 보고 기다릴 수가 없습니다. 성경의 꿀맛을 경험했기 때문에 더 먹고 싶어 하는 것입니다. 당신의 성경의 맛은 어떻습니까? (전광, 성경을 읽고 영웅이 되라)

D. 말씀의 삶에 대한 약속

(1) 출 15:26 ....

(2) 신 4:40 ....

(3) 잠 1:33 ....

(4) 렘 7:23 ....

(5) 마 5:19 ....

(6) 마 12:50 ....

(7) 요 12:26 ....

(8) 요 15:10 ....

(제2과 **기도** – 그리스도를 바라보면서 –)

> * 눅 22:42 – 이르시되 아버지여 만일 아버지의 뜻이거든 이 잔을 내게서 옮기시옵소서
>   그러나 내 원대로 마시옵고 아버지의 원대로 되기를 원하나이다 하시니 (암송말씀)
>
> * 오 할레스비 – 우리의 기도는 언제나 예수님께서 우리의 마음 문을 두드리시는 결과이다.

주님의 영성은 기도의 영성이셨습니다. 이 땅에 오신 주님의 모습은 기도하시는 모습이셨습니다. 공생애 삶도 기도로 준비하며 이루어 가신 생애요, 주님의 마지막 운명의 모습도 기도하는 모습이셨습니다. 주님은 하루를 기도로 시작하고 기도로 일하시고 기도로 마치셨습니다. 주님의 생애는 기도로 시작하시고 기도로 일하시고 기도로 마감한 일생이셨습니다. 그러므로 우리는 주님의 기도의 자취를 따라감으로 주님의 영성에 보다 더 가까이 가게 될 것입니다.

서론

(1) 나의 기도생활 가운데 가장 취약한 점은 어떤 것이라고 생각하십니까?

(2) 바람직한 기도생활의 모습을 함께 나누어 봅시다(성경 혹은 믿음의 선배의 예).

1. 습관으로서의 기도

묵상도우미
생각의 씨앗을 뿌리면 행동의 열매를 얻게 되고, 행동의 씨앗을 뿌리면 습관의 열매를 얻는다. 습관의 씨앗은 성품을 얻게 하고, 성품은 운명을 결정짓는다.

(1) 시편기자 / 시 55:17 .... 결과...

(2) 다니엘 / 단 6:10 .... 결과...... 시험을 이기고 높임을 받음...............

(3) 예수님 / 눅 22:39 .... 결과...

(4) 사도들 / 행 3:1 .... 결과...

교회사 상식
감리교의 유래 : 감리교의 창시자인 요한 웨슬레는 매일 새벽 4시에 일어나 2시간씩 기도했다고 합니다. 그의 기도 생활이 얼마나 규칙적이었는지, 그는 규칙쟁이(methodist)라는 별명을 얻었고, 여기에 오늘날 '감리교회'(Methodist Church)란 이름이 생겨났습니다.

예수님의 기도 습관은 형식적인 습관이 아니었습니다. 일상 습관이셨습니다. 그래서 예수님께서 기도하시는 동안 제자들은 기도가 끝나기를 기다리고 있음을 볼 수 있습니다. 만일 주님의 기도가 형식적이었다면 주님의 기도가 끝났을 때 제자들은 그냥 '잘 끝내셨구나' 하는 정도의 반응을 보였을 것입니다. 그러나 그 분이 기도하시는 모습을 보고 감동에 사로잡혀 제자들은 어떤 반응을 보였습니까?

(5) 제자들의 반응 / 눅 11:1 ....

(6) 또 다른 주님의 기도습관 / 막 1:35 때............................. 장소.............................

2. 특별한 기도

기도는 호흡과 같은 것이어서 언제나 기도하며 살아야 한다고 했습니다. 그러나 인생을 살면서 특별한 위기를 만나면 더욱 특별하게 기도할 필요가 있습니다. 우리는 이런 모범을 예수님의 생애를 통해 배우게 됩니다. 익숙했던 감람산 겟세마네에 가셨던 주님의 기도의 모습은 평소의 기도보다 달랐습니다.

(1) 누가복음(눅 22:44)
　예수께서 (　　　)(　　　)(　　　)(　　　　) 기도하시니 땀이 땅에 떨어지는 핏방울 같이 되더라

(2) 히브리서(히 5:7)
　① 기도의 모습.....................................　② 응답.....................................

(3) 히스기야(왕하 20:3, 5)
　① 기도의 모습.....................................　② 응답.....................................

(4) 에스더
　① 기도의 모습 / 에 4:16 ....

　② 응답 / 에 5:1-3 ....

(5) 엘리야
　① 기도의 모습 / 왕상 18:42 ....

　② 응답 / 왕상 18:45-46 ....

기도에는 반드시 응답이 따릅니다. 우리는 이 응답의 소망이 있음으로 기도에 힘을 쓸 수 있습니다. 그러나 기도할 때에는 응답에 대한 절대 믿음이 있어야 합니다. 절대 믿음은 절대응답으로 우리를 이끌어 갈 것입니다.

3. 예수님의 겟세마네 동산의 기도의 특징

묵상도우미
기도의 역설이란 기도는 오로지 선물로 받을 수 있는 것이면서도 진지한 수고를 요한다는 것이다.
(헨리 나우웬)

(1) 마 26:38	① 자신의 뜻을 죽이심
(2) 마 26:39	② 마음의 짐을 토로
(3) 마 26:42	③ 한 문제를 놓고 거듭 기도하심
(4) 마 26:44	④ 하나님의 뜻에 복종하여 구하심
(5) 눅 22:43	⑤ 기도의 경고(필요성)를 역설하심
(6) 눅 22:44	⑥ 간절한 기도
(7) 눅 22:46	⑦ 하나님의 도우심을 받아 기도하심

주님으로부터 배우는 기도생활은 한 마디로 생명을 바치는 삶입니다. 기도의 삶은 우리의 삶에 남는 시간을 채우는 액세서리가 아닙니다. 기도의 삶은 우리의 삶과 생명을 투자하는 전체로서의 삶입니다. 기도가 우리의 삶에 중심이어야 합니다. 기도는 우리의 삶과 생명과 자존심을 걸어 볼만한 충분한 신앙의 덕목입니다.

4. 주기도문을 통한 기도의 영적자세   *의지/ 회개/ 경배/ 비이기적/ 복종

(1) (   )인 마음(우리 아버지) / 기도의 대상
(2) 자식으로서의 마음(아버지여) / 하나님과의 인격적 관계
(3) (   )하는 마음 (이름이 거룩히) / 기도는 예배
(4) 충성된 마음 (나라이 임하옵시며) / 천국 소망
(5) (   )하는 마음 (뜻이 이루어지이다) / 순종 다짐
(6) (   )하는 마음 (일용할 양식) / 현실적 필요
(7) (   )하는 마음 (우리 죄를) / 용서의 실천
(8) 신뢰하는 마음 (나라가 영원히 아버지께) / 주님의 주권인정
(9) 승리하는 마음 (권세가 아버지께 영원히) / 확신
(10) 기뻐하는 마음(영광이 아버지께 영원히) / 찬양

제3과 성령의 인도 – 그리스도를 바라보면서 –

* 고후 3:18 – 우리가 다 수건을 벗은 얼굴로 거울을 보는 것 같이 주의 영광을 보매 그와 같은 형상으로 변화하여 영광에서 영광에 이르니 곧 주의 영으로 말미암음이니라
  (암송말씀)

* 토저 – 우리가 일생동안 이루는 것을 성령은 단숨에 이루신다.

그리스도인이란 그리스도를 따라가는 사람을 말합니다. 주님을 따라가는 길은 때로는 험하고 힘이 드는 일입니다. 이 일을 가능케 하기 위해 성령님께서 다른 보혜사로 이 땅에 오셨습니다. 성령은 그리스도의 영입니다. 성령은 성도로 하여금 그리스도의 마음을 품으면서 살아가게 하는 분이십니다. 우리가 이 성령을 얼마나 이해하고 교제하느냐에 따라서 우리의 삶은 놀라운 변화가 나타나기도 하고 그렇지 못하기도 합니다.

서론

(1) 성령의 인도를 나는 어느 정도 의지하고 사십니까?

(2) 성령의 역사가 구체적으로 자세히 느껴지는 때는 언제입니까?

1. 예수님과 성령

(1) 마 1:18.. (2) 마 3:11...

(3) 마 3:16.. (4) 마 4:1...

(5) 눅 11:13(마 7:7참조)........................ (6) 요 7:38-39.......................................

(7) 요 20:22......................................

삼위일체 하나님은 영원부터 영원까지 함께 하십니다. 예수님은 아버지의 영광을 위해 성령과 연합해서 사역을 하셨습니다. 스스로의 힘이 아닌 성령의 도우심을 통해서 요람에서 무덤까지 함께 사역을 하셨습니다. 하나님이 원하시는 우리의 모든 사역과 삶은 나를 내려놓고 성령의 인도를 세밀하게 받는 것입니다.

2. 성령과 깊은 교제를 가져야 하는 이유

묵상도우미
교회는 성령의 공급과 도우심을 통해서만 빛을 밝힐 수 있다.(J O 샌더스)

(1) 요 3:3,5 ....

(2) 요 14:12,16...

(3) 요 16:13,14...

(4) 행 16:7..

(5) 고전 12:3,11..

(6) 고후 3:18 ....

(7) 6:17...

나에게 입김을 내 뿜으소서
하나님의 호흡을 새롭게 내 삶에 채워주소서
당신께서 진실로 사랑하는 것을 나도 사랑하게 하소서
그리고 당신이 하시고자 하는 일을 하게 하소서. -J O 샌더스-

3. 성령충만

(1) 성령충만의 의미   * 성령, 지배, 우리

성령님은 우리를 채우시는 분이십니다. 채워준다는 말은 성령으로 완전히 (   )를 받는다는
의미입니다. 〈찬다〉는 말은 지배를 받는다는 말입니다. 분노로 가득 차다(눅 6:11) 두려움으로 가
득 차다(눅 5:26), 슬픔으로 가득 차다(요 16:6)는 표현이 있습니다. '가득 찼다'고 하는 말은 완전
히 (   )를 받는다는 말입니다. 성령을 더 많이 소유할 수는 없습니다. 성령이 내 안에 계시
든지, 안 계시든지 둘 중에 하나이지 내가 성령을 절반만 가졌다고 하는 것이 없습니다.
(   )가 (   )을 더 많이 소유하는 것이 아니고 (   )이 (   )를 더 많이 소유
하는 것입니다.

(2) 성령충만의 본질   * 반복, 명령, 현재형

① 절대로 성령 충만 해야 합니다. (   )이기 때문입니다.

② 성령 충만의 책임은 우리에게 있습니다. 성령 충만 하라는 것은 명령인데 2인칭 명령형입니다.
그러므로 우리에게 충만 하라는 것입니다. 책임이 우리에게 있습니다. (   )이니 그 상태가
계속 되거나 (   )되어야 합니다.

(3) 성령충만의 조건

① 먼저 우리 자신이 원해야 합니다.

요 7:37-39 명절 끝날 곧 큰 날에 예수께서 서서 외쳐 이르시되 (   ) 목마르거든 내게로 와서 마시라 나를 믿는 자는 성경에 이름과 같이 그 배에서 생수의 강이 흘러나오리라 하시니 이는 그를 믿는 자들이 받을 성령을 가리켜 말씀하신 것이라(예수께서 아직 영광을 받지 않으셨으므로 성령이 아직 그들에게 계시지 아니하시더라)

② 자기 자신을 (   ) 합니다.

롬 12:1-2 그러므로 형제들아 내가 하나님의 모든 자비하심으로 너희를 권하노니 너희 몸을 하나님이 기뻐하시는 거룩한 산 제물로 (   ) 이는 너희가 드릴 영적 예배니라 너희는 이 세대를 본받지 말고 오직 마음을 새롭게 함으로 변화를 받아 하나님의 선하시고 기뻐하시고 온전하신 뜻이 무엇인지 분별하도록 하라

③ 의지적으로 내 몸을 쳐서 성령님께 완전히 의지해서 살아야 합니다.

갈 5:16 내가 이르노니 너희는 (   )을 (   ) (   ) 그리하면 육체의 욕심을 이루지 아니하리라

이는 성령 안에서 한 발자국씩 걸으라는 말입니다. 순간순간마다 성령님께 의존해서 그 분의 은총을 입어서 하라는 말입니다. 생각하고, 말하고, 결정하고, 이사 가는 것, 무엇을 해도 성령님과 의논하고 교제하면서 하라는 뜻입니다.

(3) 성령충만의 결과

① (   )에 빠지지 않고 하나님의 영광을 위해 살아감
엡 5:18 술 취하지 말라 이는 방탕한 것이니 오직 성령으로 충만함을 받으라

② 하나님을 진심으로 (   )
엡 5:19 시와 (   )과 신령한 노래들로 서로 화답하며 너희의 마음으로 주께 노래하며 찬송하며

③ 자기 환경에서 (   )함
엡 5:20 범사에 우리 주 예수 그리스도의 이름으로 항상 아버지 하나님께 (   )하며

④ 서로 (   )함(엡 5:21)

엡 5:21 그리스도를 경외함으로 피차 (   )하라

⑤ (   )함

행 4:31 빌기를 다하매 모인 곳이 진동하더니 무리가 다 성령이 충만하여 (   )히 하나님의 말씀을 전하니라

⑥ 지혜가 생김(행 6:10)

행 6:10 스데반이 지혜와 성령으로 말함을 그들이 능히 당하지 못하여

⑦ (   )을 봄(행 7:55)

행 7:55 스데반이 성령 충만하여 하늘을 우러러 주목하여 하나님의 영광과 및 (   )께서 하나님 우편에 서신 것을 보고

⑧ 전도의 삶(행 11:24)

행 11:24 바나바는 착한 사람이요 성령과 믿음이 충만한 사람이라 이에 큰 무리가 주께 더하여지더라.

⑨ (   )이 충만(행 13:52)

행 13:52 제자들은 기쁨과 성령이 충만 하니라

⑩ 성령의 열매(갈 5:22-23)

갈 5:22-23 오직 성령의 열매는 사랑과 희락과 화평과 오래 참음과 자비와 양선과 충성과 온유와 절제니 이 같은 것을 금지할 법이 없느니라.

> * 롬 8:29 - 하나님이 미리 아신 자들을 또한 그 아들의 형상을 본받게 하기 위하여 미리 정하셨으니 이는 그로 많은 형제 중에서 맏아들이 되게 하려 하심이니라 (암송말씀)
>
> * 맥스 루카도 - 하나님은 당신을 있는 그대로 사랑하신다. 그러나 그대로 두시지는 않는다. 하나님은 당신이 예수님처럼 되기 원하신다.

우리가 예수님처럼 닮아가는 것은 하나님의 뜻입니다. 예수 닮음은 하나님이 우리를 구원한 목적입니다. 이에 대한 사람들의 태도는 다양합니다. 불신은 "난 결코 예수님처럼 살수 없어"라고 말하는 것입니다. 오만은 "내게 더 좋은 방법이 있어, 난 대가를 지불하고 싶지 않아"라고 말하는 것입니다. 그러나 겸손과 믿음은 "난 예수님이 이 땅에 계실 때 인자로서 보여주신 그 방법대로 살기로 작정할 거야"라고 말합니다. 이것이야 말로 인생 최고의 도전이자 인생 최고의 놀라운 비전이요, 그리고 인생 최고의 목적입니다.

서론

(1) 나에게 있어 가장 아름다운 영성의 모습은 어떤 모습입니까?

(2) 가장 좋은 영성으로 가는 길은 무엇이라 생각하십니까?

1. 참된 영성

그리스도께서는 우리를 통해 자신의 삶을 살고 계십니다. 성도는 2000년 전에 사신 것과 똑같이 예수님이 나를 통해 한 번 더 사실 수 있도록 나를 숨기고 예수님을 드러내는 것이 바로 영성 운동입니다.

(1) 나는 얼마나 하나님께 헌신 하고 있는가. (내가 얼마나 그 분을 사랑 하는가)
(2) 나는 얼마나 하나님과 친밀 한가. (얼마나 내가 그 분을 잘 알고 있는가)
(3) 나는 얼마나 나의 삶이 예수님을 나타내고 있는가. (내가 얼마나 그 분을 닮았는가)

2. 예수님이 이 땅에 오신 이유

(1) 마 20:28.. (2) 눅 12:49..

(3) 요 14:9.. (4) 히 1:3..

(4) 벧전 2:21.. (6) 요일 3:8..

묵상도우미
우리는 여기서 예수님이 왜 신성을 내려놓고 이 땅에 인자로 오셨는지 이해할 수 있습니다. 예수님이 그렇게 하지 않으셨다면 우리는 어떻게 살아야 할지 몰랐을 것입니다. 우리는 예수님처럼 될 수 있습니다. 그 기적을 우리 안에 이루어 내실 분은 단 한 분이십니다. 바로 존귀하신 성령님이십니다. 사실 그분은 최고의 전문가 이십니다. 우리는 날마다 그분께 굴복하고 전적인 통치를 청하며 그분의 권고에 순종하면 점점 더 그리스도를 닮아 갈 것입니다. 성령님의 능력을 통해서 실제로 예수님처럼 살 수 있습니다. 우리를 그렇게 만드실 능력이 예수님께 없었다면 그분은 결코 우리에게 그렇게 하라고 말씀하지 않으셨을 것입니다. 그것은 부당하기 때문입니다.

3. 그리스도의 마음을 품기(빌 2:5)

예화도우미
백 년 전 아일랜드의 해변에 작은 집 한 채를 소유했던 한 여인이 있었습니다. 그녀는 아주 부자이면서 아주 검소했습니다. 여자가 자기 집에 일착으로 전기를 들여놓겠다고 하자 사람들은 놀랐습니다. 전기를 가설한지 몇 주가 지나자 계량기 검침원이 찾아왔습니다. 검침원은 전기가 잘 들어오고 있는지 묻자 여자는 그렇다고 했습니다. 검침원이 물었습니다. "어떻게 된 일인지 영문을 모르겠군요. 부인의 계량기는 거의 제 자리 걸음입니다. 전기를 쓰고 계신가요?" "물론이죠." 여자가 말했습니다. "저녁마다 해가지면 촛불을 붙이는 데 필요한 시간만큼만 전깃불을 켜지요, 그리고는 꺼버려요." 전기는 들어오지만 사용하는 것이 아닙니다. 여자의 집은 전기는 연결되어 있지만 달라진 게 없었습니다. 우리도 똑같은 실수를 범하고 있습니다. 우리 역시 ― 영혼은 구원 받았지만 마음은 변화되지 않은 ― 연결돼 있지만 달라진 게 없습니다. 그리스도의 구원은 믿지만 변화에는 저항합니다. 어쩌다 스위치를 올릴 때도 있지만 대개는 그냥 어둠 속에 갇혀 지냅니다.

하나님은 영혼만 구원하시는 분이 아니십니다. 우리의 마음도 재창조하시기 원하십니다. 그리스도의 마음과 같은 새 마음을 품고 사는 구체적인 삶은 무엇입니까?

(1) 롬 8:29..

(2) 엡 4:24..

(3) 요일 2:6...

4. 주님을 닮은 사람들

(1) 이삭 / 창 22:6-9, 24:63-65..

(2) 요셉 / 창 45:7-10, 19-21..

(3) 여호수아 / 수 1:2-4 (요 1:17, 히 4:8 참조)............................

(4) 호세아 / 호 1:2, 3:1..

(5) 스데반 / 행 7:59-60..

(6) 바나바 / 행 11:24-26..

(7) 바울 / 갈 2:20, 6:17..

묵상도우미

그리스도인들은 그리스도를 닮아야 합니다. 자신의 모든 면에 있어서 그리스도의 성품을 닮지 않은 사람은 그리스도인이라 불릴 자격이 없습니다. 나무의 가지란 그 나무의 그루터기, 뿌리와 같은 본질을 가지며, 같은 수액을 가지고, 같은 종류의 열매를 맺습니다. 이처럼 몸의 지체는 머리와 같은 종류의 생명을 갖습니다. 그리스도인들이 그리스도에게 속한 본성과 영을 가지고 있지 않다면 그것은 이상한 일입니다. 그들이 예수님의 살과 뼈가 될 때, 그들은 한 영이 되어(고전 6:17), 한 영으로 삽니다. 이제 그들 안에 사는 것은 그들이 아니라 그리스도이십니다.
(요나단 에드워드)

5. 다음의 그리스도의 마음 닮고 싶은가? 아닌가?

(1) 시 16:11, 요 15:11   ① 죄 없으심

(2) 마 4:1, 눅 4:1   ② 친밀함

(3) 마 8:23-24   ③ 용서

(4) 눅 19:10   ④ 소명(목표)

(5) 눅 23:34   ⑤ 평안

(6) 요 14:11   ⑥ 성령의 인도

(7) 벧전 1:19, 요일 3:5   ⑦ 즐거움(기쁨)

주님! 닮고 싶습니다.
사랑의 주님 닮기 원하네. 그 아름다운 주 예수를 이 세상에서 저 천국까지 닮기 원하네. 주 예수를

그리스도인의 품성이란

2. 그리스도처럼 생각하고(지)

제5과 하나님의 자녀 – 그리스도처럼 생각하고(지) –

> * 롬 8:15 – 너희는 다시 무서워하는 종의 영을 받지 아니하고 양자의 영을 받았으므로 우리가
> 아빠 아버지라고 부르짖느니라 (암송말씀)
>
> * 스펄전 – 하나님은 그의 자식들을 언제나 시험장에 넣으므로, 틀림없이 그들과 함께 시험장에
> 있을 것이다.

그리스도인은 어떤 사람들일까요? 이 질문은 여러 가지 방식으로 답변될 수가 있을 것입니다. 그러나 가장 좋은 답변은 그리스도인이란 하나님을 자기 아버지로 모시고 있는 자라는 것입니다. 우리에게 있어서 하나님이 아버지가 된다는 사실처럼 귀중하고 감격스럽고 필연적인 일은 없습니다.

서론

(1) 하나님의 자녀로서의 자부심이 가장 크게 느껴질 때는 어떤 때 입니까?

(2) 아버지란 단어가 연상되는 사건이나 감정은 무엇입니까?

1. 우리 인생의 생사를 가름 할 축복된 만남의 기쁨

(1) 롬 8:16…………………………………   (2) 마 16:16…………………………………

(3) 요 15:26…………………………………

2. 아버지의 의미   * 존귀, 권위, 교제, 애정

(1) (　　　　　)를 상징 / **요 4:34** 예수께서 이르시되 나의 양식은 나를 보내신 이의 뜻을 행하며 그의 일을 온전히 이루는 이것이니라

(2) (　　　　　)을 상징 / **요 15:9** 아버지께서 나를 사랑하신 것 같이 나도 너희를 사랑하였으니 나의 사랑 안에 거하라

(3) (　　　　　)를 함축 / **요 16:32** 보라 너희가 다 각각 제 곳으로 흩어지고 나를 혼자 둘 때가 오나니 벌써 왔도다 그러나 내가 혼자 있는 것이 아니라 아버지께서 나와 함께 계시느니라

(4) (　　　　　)를 나타냄 / **요 17:1** 예수께서 이 말씀을 하시고 눈을 들어 하늘을 우러러 이르시되 아버지여 때가 이르렀사오니 아들을 영화롭게 하사 아들로 아버지를 영화롭게 하게 하옵소서

예화도우미

이런 이야기가 있습니다. "아버지가 돌아가셨을 때가 더 슬펐습니까? 자식이 죽었을 때가 더 슬펐습니까?"라고 묻는 왕의 질문에 인생을 많이 산 지혜로운 노 재상은 "아뢰옵기는 황송하오나 어느 쪽이 더 슬펐는지 알 수 없습니다. 그러나 대왕께서 계속 신더러 어느 쪽이 더 슬펐느냐고 차이를 물으신다면 이렇게 말씀드릴 수 있습니다. 아버지가 돌아가셨을 때는 눈물의 안개 속에 가끔 뽀얗게 남산 끝머리가 보일락 말락 할 때가 있었습니다. 그러나 자식이 죽었을 때는 아무것도 안보였습니다."라고 대답을 했습니다. 이는 자식을 사랑했던 아버지의 마음입니다. 아버지는 자녀에게 깊은 애정을 가지고 살아갑니다.

3. 아버지가 주시는 것들을 적어봅시다.

(1) 마 6:11-13…………………………………   (2) 마 7:11…………………………………

(3) 눅 15:22-23... (4) 롬 8:32..

(5) 갈 4:6-7.. (6) 골 1:2..

(7) 약 1:17..

4. 하나님 자녀로서의 삶(영적 성장)

눅 2:40 아기가 (   ) 강하여지고 지혜가 충만하며 하나님의 은혜가 그의 위에 있더라

눅 2:52 예수는 지혜와 키가 (   ) 하나님과 사람에게 더욱 사랑스러워 가시더라

그리스도인의 보람된 삶의 모습은 영적 성장과 성숙에 있습니다. 영적 성장과 성숙은 자녀로서의 삶과 깊은 연관관계가 있습니다. 영성 있는 자녀는 하나님의 자녀다운 자녀입니다. 가장 한국적인 것은 세계적이라는 말이 있습니다. 가장 영성 있는 자녀는 가장 하나님 자녀다운 자녀가 되는 것입니다. 하나님을 가장 잘 닮은 형은 예수형(型)입니다. 우리 안에 있는 예수가 장성한 예수가 되어 나를 통해 나타나도록 해야 합니다.

(1) 닮음형 자녀 / 나는 얼마나 하나님을 닮아 살아가고 있는가?

마 5:48 그러므로 하늘에 계신 너희 아버지의 (   )하심과 같이 너희도 (   )하라

(2) 기쁨형 자녀 / 나는 얼마나 하나님을 영화롭게 하고 있는가?

마 5:16 이같이 너희 빛이 사람 앞에 비치게 하여 그들로 너희 (   )을 보고 하늘에 계신 너희 아버지께 (   )을 돌리게 하라

자녀들이 자기 아버지를 자랑하는 것은 좋은 일입니다. 또한 다른 사람들 역시 자기 아버지가 얼마나 훌륭한 분이신가를 원하는 것도 좋은 일입니다.

(3) 은혜형 자녀 / 나는 얼마나 하나님의 위대한 사랑에 감격하고 있는가?

요일 3:1 보라 아버지께서 어떠한 사랑을 우리에게 베푸사 하나님의 (   )라 일컬음을 받게 하셨는가, 우리가 그러하도다 그러므로 세상이 우리를 알지 못함은 그를 알지 못함이라

신약성경은 하나님의 사랑을 측량하는데 두 개의 척도를 제시합니다. 하나는 십자가요 둘째는 자녀가 되는 권세입니다.

(4) 소망형 자녀/ 나는 얼마나 소망을 품고 살아가고 있는가?

롬 8:17 자녀이면 또한 (   )곧 하나님의 (   )요 그리스도와 함께 한 (   )니 우리가 그와 함께 영광을 받기 위하여 고난도 함께 받아야 할 것이니라

(5) 성령형 자녀 / 나는 얼마나 하나님께 사랑하는 자녀로 나아가고 있는가?

갈 4:6 너희가 아들이므로 하나님이 그 아들의 영을 우리 마음 가운데 보내사 (   )라 부르게 하셨느니라

성령의 역사(사역)는 우리를 움직여 하나님을 나의 친근한 아버지로 바라보게 하는 일입니다.

(6) 성결형 자녀/ 나는 얼마나 거룩하게 살아가는 기쁨을 누리고 있는가?

요일 3:2-3 사랑하는 자들아 우리가 지금은 하나님의 자녀라 장래에 어떻게 될지는 아직 나타나지 아니하였으나 그가 나타나시면 우리가 그와 같을 줄을 아는 것은 그의 참모습 그대로 볼 것이기 때문이니 주를 향하여 이 소망을 가진 자마다 그의 (   )과 같이 자기를 (   )하게 하느니라

(7) 자유형 자녀(롬 8:31-39) / 나는 얼마나 염려 없이 살아가고 있는가?   *가난, 고독, 정죄, 패배

① (   )로부터 자유(31절)   ② (   )으로부터 자유(32절)

③ (   )로부터 자유(33-34절)   ④ (   )으로부터 자유(35-39절)

제6과 천국에서 예수님과 사는 것을 동경함

- 그리스도처럼 생각하고(지) -

> * 고후 5:8 - 우리가 담대하여 원하는 바는 차라리 몸을 떠나 주와 함께 있는 그것이라 (암송말씀)
>
> * 스펄전 - 사람은 그가 무엇을 갈망하는가에 따라 어떤 사람인가가 판별된다.

하나님께서는 우리에게 영원을 사모하는 마음을 주셨습니다(전 3:11). 이는 우리가 하나님의 형상으로 태어났고 또한 과거에 천국백성이었음을 보여주는 증거가 됩니다. 우리 인간의 핏속에는 에덴의 삶에 대한 그리움이 있습니다. 예수 믿고 거듭난 백성들의 마음속에 천국이 들어옵니다. 그러나 이 천국은 마음의 천국이지 실제적인 환경의 천국이 아닙니다. 그러므로 우리 그리스도인들은 이 세상에 살면서 계속 갈등할 수밖에 없고 그 갈등은 천국에 갈 때 까지 완전함에 대한 그리움과 탄식으로 나타납니다.

서론

(1) 내가 느끼고 있는 천국의 모습은 어떤 모습으로 다가오고 있습니까?

(2) 이 세상에서 천국의 삶을 어떻게 누려야 한다고 생각합니까?

1. 예수님과 천국

(1) 마 3:2................................. (2) 마 5:3..

(3) 마 5:10........................... ...... (4) 마 13:11..

(5) 마 13:44............................. (6) 마 18:4...

(7) 마 19:23.................................

예수님의 마음은 항상 천국에 있었습니다. 그는 천국의 모든 기쁨과 행복을 알고 계셨습니다. 그래서 그의 백성들이 어떤 고난과 환란 속에서도 천국으로 가기를 원하셨습니다. 천국은 최고의 가치입니다. 그리고 최고의 행복으로 가는 길입니다.

2. 천국의 즐거움 / 이유

(1) 막 9:3-5 .... (2) 눅 16:25.......................................

(3) 요 14:1-3.............................. (4) 고전 13:13................................

(5) 빌 1:23 (히 11:16)..................... (6) 히 12:1 ....

예화도우미

밀라노에 있는 대 성당의 세 개의 문에 있는 아치형 길에는 세 개의 글이 새겨져 있습니다. 한 쪽 문 위에는 장미꽃의 아름다운 화환이 놓여 있고 아래에는 다음과 같은 말이 새겨져 있습니다. "기뻐하는 것은 순간이다." 또 다른 문 위에는 십자가가 새겨져 있는데 그 위에는 다음과 같은 말이 쓰여 있습니다. "고통 받는 것은 순간이다." 그러나 중앙 문 아래에는 다음과 같은 말이 새겨져 있습니다. "가장 중요한 것은 영원이다."

3. 천국 시민의 품성(주님의 말씀)

(1) 마 3:8.. (2) 마 5:3..

(3) 마 7:21.. (4) 마 18:3...

(5) 마 25:34-35.................................... (6) 눅 9:62...

(7) 요 3:5.......................................

예화도우미

브레이너드는 인디언을 선교한 분입니다. 그는 자택에서 결핵을 앓다가 29세 때 하나님의 부르심을 받았습니다. 그가 쓴〈데이비드 브레이너드의 생애와 일기〉는 기독교 경건문학의 고전으로 남게 되었습니다. 1742년에 쓴 한 일기에는 이런 내용이 담겨져 있습니다. "6월 12일. 오늘 아침에는 기도를 드리면서 달콤한 순간을 흠뻑 누렸습니다. 이 때문에 하루 종일 하나님을 향한 다함이 없는 갈망을 느꼈습니다. 하나님을 모르는 불쌍한 영혼들은 어떻게 살아갈까 하는 의문이 들었습니다. 세상의 모든 즐거움은 완전히 사라질 것입니다. 나 자신이 무력함을 발견합니다. 하지만 나는 복되신 하나님께 갈 수 있지 않습니까? 내가 간절히 바라는 것은 죽어서 그리스도와 함께 하면서 그분의 영광을 뵈옵는 것입니다. 오, 나의 약하고 지친 영혼이 내 아버지 집에 도착할 날을 갈망하나이다." 브레이너드의 갈망 가운데 흠뻑 젖어 들어 있는 '달콤함'과 '기쁨'을 주목해 보시기 바랍니다. 현재의 상태가 만족치 못한 가운데서도 성령께서는 우리가 탄식하는데도 달콤함과 행복을 느끼도록 역사해주시는 분이십니다.

4. 성숙한 그리스도인은 탄식하는 그리스도인입니다.

(1) 바울의 탄식 내용 / 고후 5:2 ....

천국에 살아야 할 아름답고 거룩한 백성들이 죄악 속에서 타락되고 부패된 세상 속에서 살아갈 때 당연히 탄식을 하게 되어 있습니다.

(2) 바울의 탄식 이유 / 고후 5:8, 빌 1:22-23...

(3) 바울의 삶의 확신 / 빌 1:24-26...

예화도우미

헨리 모리슨이라는 아프리카 선교사님이 계셨습니다. 그는 20세기 초 아프리카에서 40년 동안 개척 선교를 하는 동안 자녀도 잃고 건강도 잃고 이젠 늙은 선교사가 되어서 고향인 미국으로 돌아오고 있었습니다. 그런데 그 배에는 공교롭게도 아프리카에서 코끼리 사냥을 하다가 미국으로 돌아오는 루즈벨트 대통령의 일행이 있었습니다. 배가 뉴욕항구로 입항을 하자 빨간 카펫이 깔리고 군악대의 팡파르가 대통령을 환영하였습니다. 대통령 일행이 항구를 빠져나가자 레드 카펫도 없고 군악대의 팡파르도 없었습니다. 선교사는 저녁 진 노을을 향해 이렇게 속으로 소리치고 싶었답니다. "하나님, 이게 제가 40년 청춘을 다 바친 결과입니까?" 그때 그의 마음에 하나님이 이렇게 말씀하셨다고 합니다. "나의 사랑하는 아들 헨리야, 아직 너는 고향에 오지 않았단다. 네가 본향에 이를 때 레드 카펫보다도 더 아름다운 금으로 된 카펫을 깔고 천사장의 나팔소리와 함께 내가 직접 너를 환영 나가겠다."

5. 천국의 열망과 성도의 삶

(1) 마 6:10 ....:...

(2) 마 6:33 ....

(3) 행 8:12 ....

행 14:22 제자들의 마음을 굳게 하여 이 믿음에 머물러 있으라 권하고 또 우리가 하나님의 나라에 들어가려면 많은 (   )을 겪어야 할 것이라 하고

(4) 주를 위해 (   )을 견딤

(5) 골 3:1-2 ....

(6) 믿음과 (   )으로 행함

약 2:4-5 너희끼리 서로 차별하며 악한 생각으로 판단하는 자가 되는 것이 아니냐 내 사랑하는 형제들아 들을지어다 하나님이 세상에서 가난한 자를 택하사 믿음에 부요하게 하시고 또 자기를 (   )하는 자들에게 약속하신 나라를 상속으로 받게 하지 아니하셨느냐

(7) 요일 3:3 ....

제7과 하나님의 임재에 민감함 – 그리스도처럼 생각하고(지) –

* 창 28:16 - 야곱이 잠이 깨어 이르되 여호와께서 과연 여기 계시거늘 내가 알지 못 하였도다 (암송말씀)

* 핑크 - 믿는 자의 영혼이 만일 건강하다면 그는 때를 따라 자주 하나님과 교제할 목적으로 하나님의 임재 가운데로 나올 것이다.

성숙한 그리스도인은 하나님의 임재 속에 살아가는 그리스도인입니다. 하나님의 임재 속에 살아간다는 것은 하나님의 품 안에서 사는 것과 같이 믿음으로 살아가는 것을 말합니다. 신실하고 성숙한 그리스도인일수록 하나님의 임재를 그리워하고 사모하는 삶을 살아갑니다. 하나님의 임재 속에서 만이 그리스도인의 참된 만족과 영적 해갈이 이루어집니다. 하나님이 임재하심으로 그리스도인의 모든 문제가 해결이 됩니다. 우리 하나님은 문제보다 크시고 우리의 죄악보다 더 많은 은혜를 베풀어주시는 분이시기 때문입니다.

서론

(1) 나에게 있어서 하나님이 나와 함께 계셨다는 생각을 처음 한 때는 언제였습니까?
    강렬한 메시지 / 수련회 / 부흥회 등등.........

(2) 나는 나의 삶 가운데서 언제 하나님의 임재를 느끼게 됩니까?

39

1. 예수님과 관련된 하나님 임재에 관한 말씀

(1) 마 3:17.. (2) 마 28:18-20...................................

(3) 막 9:7.. (4) 요 10:30.......................................

(5) 요 17:5..

주님은 항상 하나님의 임재 속에서 사셨습니다. 더더욱 육신으로 계실 때 하나님의 임재는 더욱 더 필요했습니다. 삼위일체 하나님의 가장 큰 기쁨은 연합이었습니다. 오죽하면 십자가에서 고난 받으실 때 아버지와 떨어지기 싫어서 '아버지여 어찌하여 나를 버리시나이까?' 하시면서 괴로워하셨겠습니까? 예수님도 하나님의 임재가 필요하다면 하나님의 임재의 삶은 우리의 삶에 있어서 더 더구나 필수적이 아닐까요?

2. 성경의 약속들

(1) 시 94:9 .... (2) 잠 15:3 ....

(3) 사 49:16 .... (4) 마 28:20 ....

(5) 행 9:5 ....

묵상도우이

그는 많은 사람들을 먹였지만 아버지의 양식을 가지고 먹였습니다. 병자는 그가 고쳤지만 그 일을 행한 것은 아버지였습니다. 다른 사람들은 까마귀가 먹이를 얻었다고 말했지만, 그 분은 너희의 하늘의 아버지께서 그것들을 먹이셨다고 말했습니다. 다른 사람들은 백합화가 아름답다고 했지만. 그 분은 하나님이 들풀도 그렇게 입히신다고 했습니다. 예수님께서는 하늘 아버지가 모든 곳에 계시며 모든 것 가운데 계신다고 했습니다. 만일 모든 것 안에서 하나님을 발견할 수 없다면 그것을 볼 생각조차 하지 마십시오. (스펄전)

3. 믿음의 선배들

(1) 야곱의 고백 / 창 28:16 ....

예화도우미

한 조사에 따르면 자신을 개신교, 가톨릭 성도 등 자신을 그리스도인이라고 소개하는 성인들 3명 가운데 2명(68%)이 그들이 하나님의 임재 안에 있는 것처럼 느꼈던 순간이 있었다고 합니다. 그런데 8명 가운데 1명꼴로(13%) 평생 한 두 번은 하나님의 임재를 느껴 본 일이 있다고 합니다. 그런데 32%는 평생 전혀 하나님의 임재를 느껴 본 일이 없다고 했습니다. 조사 받은 대상 가운데 자신을 '거듭난 그리스도인'이라고 공공연하게 말한 사람들에게서 나타나는 현상은 충격적입니다. (도날드 휘트니)

(2) 요셉과 모세의 대조

① 요셉 / 창 39:9 ....   ② 모세 / 출 2:12 ....

*임재를 못 느낄 때 오는 현상 : (1) 하나님의 말씀과 멀어짐
　　　　　　　　　　　　　　(2) 하나님의 뜻에 대한 무관심
　　　　　　　　　　　　　　(3) 선을 행하려는 생각의 줄어듦

4. 하나님의 임재연습

묵상도우미

하나님의 임재를 누리는 방법은 첫 번째 단계가 새 생명입니다. 그것은 그리스도의 피를 통하여 구원을 얻을 때 주어지는 것입니다. 두 번째는 하나님의 임재를 꾸준히 연습하는 것이다. 이것을 행함에 있어서 우리는 불안이나 다른 문제에 휩싸이지 말고 부드럽게 겸손하게, 그리고 사랑의 마음으로 임해야 한다. 셋째 단계는 영혼의 눈은 언제나 하나님께 고정되어 있어야 한다는 것입니다. 바깥세상에서 뭔가 다른 일들이 벌어지고 있을 때는 특히 더 주의해야 합니다. 이 연습을 숙달하는 데에는 많은 시간과 노력이 소모되므로 한두 번의 실패에 결코 낙심하지 말아야 합니다. 이것도 하나의 습관이니 몸에 밸 때까지는 쉽지 않지만 습득이 되고 나면 거룩한 기쁨의 원천이 될 것입니다. 하나님의 임재에는 다음과 같은 축복들이 있습니다. 첫째는 하나님의 임재연습은 영

혼의 믿음이 언제 어디를 막론하고 훨씬 더 생생해지며 적극적이 됩니다. 특히 세상 어려움을 만날 때 더욱 적극적이 된다는 점입니다. 둘째는 하나님의 임재연습은 우리의 소망을 강하게 해줍니다. 셋째로 이 연습은 우리의 의지에 거룩한 사랑의 불을 질러 우리로 세상에서 분리된다는 것의 기쁨을 알게 해줍니다. (로렌스 형제의 하나님의 임재연습에서)

(1) (   )에서
하나님이 자기 자신을 가장 분명하게 계시 하시는 장소를 자주 찾으십시오. 그곳은 성경입니다.

묵상도우미
하나님의 말씀은 그것을 더 많이 알고 더 많이 읽을수록 우리를 더 많이 하나님의 임재 가운데로 인도한다. 그러므로 여러분이 만일 주님을 항상 여러분 앞에 모시기를 원한다면 많은 시간을 규칙적으로 성경을 읽는데 보내도록 하라. (마틴 로이드 존스)

(2) (   )를 통하여: 하나님과 대화함으로써 그 분의 임재를 인정하라.
한 방에 있으면서도 아무 말도 하지 않는 남편의 태도에 대해 아내들은 불평합니다. 자신이 무시당하고 있다는 느낌을 받기 때문입니다. 하나님은 인격적인 실체이십니다. 그러므로 하나님과 이야기를 많이 나눌수록 친밀한 교제를 더 깊이 해 갈수 있습니다.

(3) (   )가운데 / 회중 예배 가운데서만 경험할 수 있는 하나님의 임재는 특별합니다. 성경은 모든 그리스도인들이 성령의 전이라고 말합니다(고전 6:19). 그런데 성령의 전에 대한 구체적인 언급은 개별적인 성도들에 대한 것이라기보다는 성도들의 모임에 대한 것으로써 훨씬 더 자주 언급되고 있습니다(고전 3:9, 16-17). 그러므로 하나님의 백성들의 모임은 주님의 임재와 깊은 관계가 있습니다. 홀로 예배드리는 곳에서는 이와 동일한 임재를 경험하지 못합니다.

(4) (   ) 자에게 대함

마 25:40 임금이 대답하여 이르시되 내가 진실로 너희에게 이르노니 너희가 여기 내 형제 중에 지극히 (   ) 자 하나에게 한 것이 곧 내게 한 것이니라 하시고

(5) (   ) 일을 하든지

골 3:23 (   )일을 하든지 마음을 다하여 (   )께 하듯 하고 (   )에게 하듯 하지 말라

묵상도우미

하루는 종교개혁자 루터가 크게 낙심한 일이 있습니다. 어느 날 그의 아내가 상복을 입고 나타났습니다. "누가 죽었소?"라고 묻자 "하나님이 죽었습니다."라고 아내가 답변했습니다. "괜한 소리 그만 두시오 하나님은 영원불멸하십니다. 지금까지 살아계셨으며 앞으로도 영원히 살아계실 것이오." "그런데 왜 당신은 하나님이 죽은 자같이 행동하고 있습니까?"라고 그의 아내가 되물었습니다. 그때야 루터는 아내의 뜻을 깨달았습니다. 하나님이 임재하고 계신 곳에서 모든 의심과 낙심과 문제는 사라질 것입니다.

> * 시 72:19 – 그 영화로운 이름을 영원히 찬송 할지어다 온 땅에 그의 영광이 충만 할지어다 아멘 아멘 (암송말씀)
>
> * 오트런드 – 예배는 인간이 하는 일 중 가장 숭고한 것이요 가장 가치 있는 행위다.

그리스도인의 삶과 예배는 불가분의 관계에 있습니다. 예배를 무시하고 그리스도인의 신앙생활을 말할 수 없습니다. 그리스도인에게 있어서 예배는 신앙생활의 중심입니다. 우리는 예배를 통하여 하나님을 만나고, 하나님을 찬양하고, 하나님이 주시는 은총을 누립니다. 예배란 주일 날 드리는 어떤 시간이라기보다는 총체적인 우리 인생과 관련을 맺고 있습니다.

서론

(1) 하나님의 영광을 위해 사는 가장 훌륭한 삶의 모습은 어떤 모습입니까?

(2) 내가 이 길을 가기 위해 가장 힘써야 할 길은 무엇입니까?

1. 예배에 관한 예수님의 교훈

(1) 마 26:26-29................................ (2) 막 14:49................................

(3) 눅 4:16.................................... (4) 눅 21:2..................................

(5) 요 2:15-16................................. (6) 요 4:23,24.............................

우리 인생은 피조물입니다. 그러므로 피 조물 된 우리 인생의 최대 목적은 우리의 행복이나 성공이나 이상을 실현하는 것이 아닙니다. 인생의 가장 큰 목적은 우리를 만들어 주시고 우리를 존재케 하시는 하나님의 뜻을 이루며 그 분을 찬양하고 예배하는 일입니다.

2. 참예배의 의미

(1) 우선순위

역사를 통해서 사람들에게 의문을 품게 하는 가장 흔한 질문 중에 하나는 이것입니다. 우리는 누구인가? 우리가 사는 목적은 무엇인가? 모든 세대 사람들이 이 질문에 대해 깊이 사고합니다. 다행히 성경은 우리가 존재하는 이유를 분명히 묘사하고 있습니다. '하나님을 예배하기 위해서'라고.

① 성경 십계명의 처음 3계명
첫째는 주님은 우리 외에 주님 외에 다른 신들을 두지 말라고 말씀하십니다. 둘째로 주님은 우리에게 우상을 가지지 말라고 지시하시고, 셋째로 주님의 이름을 망령되이 일컫지 말라고 말씀하십니다(출 20:2-7).

② 장막을 치는 방법
이스라엘 백성들은 3지파씩 동서남북에 자리 잡고 장막의 한 가운데 하나님은 지성소와 언약궤가 있는 성소를 세우라고 명령하셨습니다(민 2장).

③ 벧전 2:9 ....

④ 마 4:9-10 ....

(2) 마음 그리고 행동

① 소극적 의미:(   )을 드림 / 대하 25:2 ....

② 적극적 의미:(   )모두를 원하심 / 롬 12:1..

묵상도우미
예배는 동사다(Worship is a Verb), (밥 웨버)

(3) 하나님께 대한 우리의 반응

① 야곱 / 창 28:16-18..

② 엘리야 / 왕상 18:39...

③ 베드로 / 눅 5:8..

④ 도마 / 요 20:28...

예화도우미
파스칼은 모든 시대를 통틀어 가장 위대한 사상가 중에 한 사람으로 분류됩니다. 그는 수학의 천재요 그의 과학연구는 광범위합니다. 그는 철학자요 저술가입니다. 놀라운 일은 그가 인격적으로 하나님을 만났습니다. 그는 자신의 경험을 종이에다 적어서 자기의 심장 가까이에 있는 주머니에 넣고 다니면서 그 감격을 다시 기억하곤 했습니다. 그의 임종을 지켜보았던 사람들이 그 주름이 잡힌 종이를 발견했습니다. 파스칼 자신이 손으로 이렇게 썼습니다. "밤 10시 반에서 12시 반까지 – 불! 오. 아브라함의 하나님, 이삭의 하나님, 야곱의 하나님 – 철학자와 지혜자의 신이 아닌, 복음을 통해서만 알 수 있는 예수 그리스도의 하나님: 안정감-느낌-평안-기쁨-기쁨의 눈물. 아멘" (예배에서 무슨 일이 일어나는가, 토저)

(4) 드림 / 값을 치름

① 아브라함 / 창 22:12 ....

*리빙 바이블은 〈하나님이 네 삶에 우선이 되었음을 내가 아노니〉(For I Know that God is first in your life)라고 표기하고 있다.

② 다윗 / 삼하 24:24 ....

③ 죄를 지은 여인 / 눅 7:47 ....

(5) 하나님의 거룩함을 체험 / 상황(때)

① 이사야 / 사 6:1-5 ....

② 제자들 / 막 4:39-41 ....

(6) 감사와 경배 / 이유

① 출 4:30-31 ....

② 시 95:5-6 ....

③ 시 5:7, 138:2 ....

예화도우미

한 집에 사는 아버지와 아들의 대화입니다. 하루는 아들이 들어오면서 상기된 음성으로 말했습니다. "아버지 저 참 감사한 일이 생겼습니다." "무슨 일이지?"라고 아버지가 물었습니다. "오늘 차 사고가 나서 제가 7번 굴렀습니다. 그런데 상처 없이 이렇게 말짱 합니다." 이 말을 들은 아버지가 말했습니다. "나는 너보다 훨씬 더 감사하다." "아버지는 8바퀴 굴렀나요?" "아니다. 나는 한 바퀴도 안 굴렀다."

(7) 다른 사람들에게 행하는 것

① 시 68:4-6...

② 사 1:17 ....

③ 마 25:40...

④ 롬 15:1-2...

⑤ 엡 6:7, 골 3:23...

묵상도우미
우리 몸의 혈액에는 백혈구 적혈구 혈소판 혈장이라는 여러 성분들이 있습니다. 그 중에 백혈구는 우리 몸에 침입자가 들어오면 절대로 무력을 쓰지 않습니다. 심한 욕설도하지 않습니다. 아주 깊은 사랑으로 꼭 껴안습니다. 침입자는 그 사랑에 녹아버립니다. 적혈구도 백혈구처럼 사랑이 넘치는 친구입니다. 폐에 가서 산소를 받아들여 자기 몸에 가집니다. 그러면서 우리 몸에 다니면서 산소가 필요한 곳이 있으면 다 주고 나옵니다. 자기 것도 조금 챙기면 좋을 텐데 100% 다 주어 버립니다. 그리고 한 4주일 쯤 살다가 비장에 가서 조용히 숨을 거둡니다. 이것이 조금은 슬픈 적혈구의 운명입니다. 백혈구의 사랑은 모든 걸 감싸주는 사랑입니다. 적혈구의 사랑은 모든 것을 다 나누어주는 사랑입니다. 이 멋쟁이 친구들 덕에 우리는 오늘도 건강하게 생명을 유지하고 있습니다.

제9과 **종 의식 / 청지기** — 그리스도처럼 생각하고(지) —

> * 롬 14:8 - 우리가 살아도 주를 위하여 살고 죽어도 주를 위하여 죽나니 그러므로 사나 죽으나 우리가 주의 것이로다 (암송말씀)
>
> * A C 딕존 - 하나님의 축복의 물은 아래로 흐르므로 그 물을 마시기 원하는 자는 허리를 굽혀야만 한다.

우리 주님은 이 땅에 종으로 오셨습니다. 높고 귀한 하늘의 궁전에서 낮고 천한 이 땅에 섬기기 위해 종으로서 오셨습니다. 그는 하나님의 본체이셨지만 우리 인생을 구속하시려고 사람으로 낮고 천한 죄인의 몸을 입으셨습니다. 우리 그리스도인들은 주님의 종의 자취를 따라 가는 성도의 삶을 사는 사람들을 말합니다. 인간의 모든 행동은 인간의 사고방식과 의식에서 비롯됩니다. 종된 생활은 종의 의식에서 비롯됩니다.

서론

(1) 낮아지기 힘이 들 때는 어떤 때이며 그 이유는 무엇입니까?

(2) 낮아짐 가운데 내가 받았던 은혜는 어떤 은혜입니까?

1. 종으로서의 예수님

(1) 마 20:28.................................... (2) 요 13:4-11.......................................

(3) 빌 2:6-8.......................................

예수님은 종으로서 섬기시기 위해 이 땅에 오셨습니다. 섬김의 길은 가장 근접한 하나님의 뜻이요 오름과 높음으로 가는 최선의 지름길입니다.

2. 종의 의미

(1) 종의 인생 / 나는 내 인생의 주인이 아니다

① 이유

출 21:1-6 ....

롬 14:7-8 ....

고전 6:19-20 ....

우리는 주님을 사랑하고 섬길 뿐 만 아니라 주님이 사랑하는 사람들을 섬겨야 합니다. 그들의 종이 되기를 자원해야 합니다.

② 방법

엡 5:21 ....

서로 섬기면 얼마나 아름다운 좋은 관계입니까? 인간관계가 파괴되는 이유는 서로 종노릇 하는 것이 아니라 서로 주인 노릇을 하려고 하기 때문에 심각해지는 것입니다.

갈 5:14-15 ....

갈 5:16 / 롬 5:5 ....

우리 안에 사랑할 수 있는 능력이 분명히 있습니다. 그런데도 사랑하지 않는다면 그것은 불순종입니다. 주께서 우리에게 사랑할 수 있는 능력을 주셨다면 우리는 어느 누구라도 사랑할 수 있습니다. 우리 모두 사랑을 결심합니다! 사랑의 시작은 여기서부터 입니다. 감정이 아닌 의지적인 사랑은 하나님의 명령에 순종하려는 마음자세에서 비롯됩니다.

③ 결과

갈 5:22-23 ....

예화도우미
서부 개척시대에는 역마차라는 것이 있었습니다. 역마차에도 오늘날 기차나 비행기처럼 좌석구분이 있었다고 합니다. 오늘날의 기차나 비행기처럼 특별석이 있는 것도 아닌데 어떻게 좌석의 등급을 매겼는지 궁금하지 않습니까? 그 구분인즉 이렇습니다. 1등석 차표를 산 사람은 목적지에 이를 때 까지 마차에 앉아 있을 수 있습니다. 이것이 1등석입니다. 예를 들어 마차 바퀴가 빠졌다고 할 때 가만히 끝까지 앉아 있을 수 있는 사람은 1등석 손님입니다. 2등석은 마차가 고장 났을 때 일단 내려서 길 옆에 서서 구경을 하는 자리입니다. 이에 비해 3등석은 마차가 고장이 나면 팔을 걷어붙이고 마부와 함께 수리하는 차표입니다. 교회 안에도 이 1등 신자, 2등 신자, 3등 신자들이 있습니다. 항상 대접받기를 원하는 사람들은 1등 신자들입니다. 2등 신자는 〈잘 해 봐라〉하면서 구경을 하는 사람들입니다. 3등 신자는 주방에서 열심히 일하고 자나 깨나 이름 없이 빛도 없이 일하는 사람들입니다. 그런데 놀라운 사실을 아십니까? 천국에서는 이순서가 바뀐다는 사실입니다. 천국에 입장할 때 주님은 이렇게 명하십니다. "뒤로 돌아 갓!" 그러면 누가 제일 먼저 들어갑니까? 3등 신자들입니다. 종처럼 섬기고 애쓰고 땀 흘렸던 자들이 제일 먼저 천국에 들어가고 좋은 자리에 앉을 것입니다.

묵상도우미
한 사람의 인생을 평가할 때 그가 얼마나 많은 종을 거느리고 살았느냐는 중요한 것이 아니다. 중요한 것은 그가 얼마나 많은 사람에게 종노릇 했느냐이다. (무디)

(2) 종의 권리 / 내 것은 아무것도 없다

① 소유권/ 이유

사 43:1... 학 2:8..

고전 6:19-20...

예화도우미

인류 역사를 통틀어 로마 제국 시대에 가장 많은 노예, 즉 종들이 있었다고 합니다. 로마가 통치하던 시대에 노예가 자그마치 6,000만 명이나 있었다고 합니다. 로마 시에만 무려 65만 명의 노예가 있었습니다. 노예가 아닌 사람들은 자유인이라고 불렀는데 그 당시 노예와 자유인의 비율은 로마 시에서 4대 1이었다고 합니다. 그 당시 노예들은 비참했습니다. 노예는 인간 이하의 취급을 받았습니다. 주인의 허락 없이는 결혼도 마음대로 할 수 없었습니다. 주인이 짝 지어 주는 대로 결혼하거나 심한 경우 결혼하여 잘사는데 주인이 이혼하라고 하면 주인의 명령에 따라서 이혼도 해야 했습니다. 그 만큼 주인이 절대적인 힘을 가지고 있었습니다. 그래서 그 당시 남자들은 아침에 일어나서 3가지 감사기도를 드렸다고 합니다. (1)이방인이 아니라 유대인으로, 하나님의 백성으로 태어나게 하신 것을 감사합니다. (2)여자가 아니라 남자로 태어나게 하신 것을 감사합니다. (3)노예가 아니라 자유인으로 태어난 것을 감사합니다.

② 결재권/ 다윗

삼하 5:23-25 / 위탁의 결과...

삼하 2:1 / 구체적인 예...

로마서 1:1 종이란 헬라어로〈둘로스〉입니다. 〈둘로스〉는 당시 헬라 로마 세계에 있어서 주인에 있어서 가구라고 합니다. 당시에는 3종류의 가구가 있었습니다.

a. 말할 줄 모르는 낫이나 호미나 가정의 물건들입니다.
b. 또 하나는 반벙어리(개와 같음)입니다.
c. 하나는 말하는 노예였습니다.

③ 회수권

아브라함 / 창 22:2...

욥 / 욥 1:21...

다윗 / 시 51:11...

바울 / 롬 11:36...

(3) 종의 삶의 방식 / 나는 내 마음대로 살 수 없다

① 롬 12:1-2..

② 빌 2:5-8...

③ 행 16:6-7..

묵상도우미

삼위일체 하나님의 영성 삼위일체 하나님의 말씀은 모든 면에서 동일하며 일치 합니다. 삼위일체 하나님의 영성은 〈수줍음 영성〉에 있습니다. 성부는 성자를 드러내며 자기는 숨습니다(마 3:17. 막 9:7). 성자는 성부를 드러냅니다. 그리고 자신은 숨습니다. 성령은 아들을 증거 합니다(요 16:13). 그리고 뒤로 역시 숨습니다. 또한 삼위일체의 영성은 〈섬김의 영성〉입니다. 서로 그들은 영원히 섬깁니다. 그리고 그들은 서로 영원히 높입니다. 그리함으로 그들은 영원히 함께 존재합니다. 섬기는 삶은 삼위하나님을 닮아서 사는 아름다운 영성입니다.

(제10과 **비전** / **현상 너머에 있는 것을 바라보는 것**)

– 그리스도처럼 생각하고(지) –

> * 눅 22:69 – 그러나 이제부터는 인자가 하나님의 권능의 우편에 앉아 있으리라 하시니
> (암송말씀)
>
> * J 위트 – 생명이 있는 한 희망이 있다. 희망은 만사가 쉽다고 가르치고 실망은 만사가 어렵다고
> 가르친다.

예수님의 삶은 고난의 삶의 연속이셨습니다. 우리 인생의 고난과 고통 그리고 모든 영육간의 구원의 문제를 해결해주시기 위해 오신 인생이시기에 주님은 많은 고난을 겪으셨습니다. 예수님은 육으로 오셨기 때문에 많은 문제를 당하면서 괴로워하기도 하셨습니다. 그러나 주님은 이 모든 어려운 과업을 넉넉히 이루셨습니다. 오히려 기뻐하며 건강하게 하나님 아버지의 사역을 감당하는 기쁨과 행복의 삶을 창조해 나아가셨습니다. 가장 큰 이유 중에 하나가 주님은 비전을 잃지 않고 사셨기 때문입니다.

서론

(1) 나의 영원한 비전(소망)은 무엇입니까?

(2) 그 비전이 나의 현실 생활에 끼치는 영향(유익)은 무엇입니까?

1. 영원의 관점에서 바라봄

주님은 이 세상에서 악의 활동을 아셨습니다. 그러나 택함 받은 자녀들의 영생하는 시대를 바라보셨습니다.

막 10:30 (   )에 있어 집과 형제와 자매와 어머니와 자식과 전토를 백배나 받되 박해를 겸하여 받고 (   )에 영생을 받지 못할 자가 없느니라

주님은 십자가의 고통을 머뭇거림 없이 받아들이셨습니다. 정해진 길이 어려워도 장차 나타날 영광과는 족히 비교할 수 없었습니다. 성숙한 사람은 영원의 관점으로 살아갑니다. 그래서 이 땅에서의 사소한 이해다툼에서 관용의 삶을 살아갑니다. 성숙한 삶을 산다는 것은 눈앞의 이익보다는 멀리 바라보는 삶을 사는 것입니다. 믿음의 선배들의 삶을 살펴봅시다.

(1) 노아
현실 / 창 5:13-22............................ 비전(축복) / 히 11:7............................

(2) 아브라함
현실 / 창 13:8-10............................ 비전(축복) / 히 11:10............................

(3) 이삭
현실 / 창 26:12-17............................ 비전(축복) / 창 26:23-24............................

(4) 야곱
현실 / 창 27:11-12............................ 비전(축복) / 창 27:27-29............................

(5) 요셉
현실 / 창 39:7-9............................ 비전(축복) / 창 41:37-43............................

묵상도우미

신앙은 가치 추구입니다. 영적인 경제활동입니다. 가장 고귀하고 성숙한 믿음의 사람일수록 눈앞에 이익보다는 멀리 있는 하나님의 은혜를 바라보는 사람들입니다. 이런 의미에서 진정한 믿음의 사람들은 세상에서 '영적인 왕따'로 살아가기도 합니다.

2. 도래할 영광을 바라봄 / 죽음이후

(1) 부활
마 16:21 이때로부터 예수 그리스도께서 자기가 예루살렘에 올라가 장로들과 대제사장들과 서기관들에게 많은 고난을 받고 죽임을 당하고 제 삼일에 살아나야 할 것을 제자들에게 비로소 나타내시니

해설 : 죽음에는 다시 살아나는 새 생명의 부활의 비전이 있습니다. 그리스도인은 육신의 죽음이후의 영광의 부활을 바라봅니다. 영적으로는 자아가 죽음으로 그리스도의 생명과 더불어 사는 새 생명의 삶을 바라봅니다.

(2) 승천
눅 22:69 그러나 이제부터는 인자가 하나님의 권능의 우편에 앉아 있으리라 하시니

해설 : 그리스도인의 죽음 이후에는 영육간의 새 생명의 역사가 주어집니다. 그리고 나아가서 영광의 권능의 세계를 누리게 됩니다. 그리스도인의 죽음은 하나님의 권능의 보좌 앞으로 인도합니다. 그리고 자아의 죽음은 권능을 이 땅에서 행사하는 영의 사람으로 살아가는 은혜 속에서 살아가게 됩니다.

(3) 재림
마 24:30 그 때에 인자의 징조가 하늘에서 보이겠고 그 때에 땅의 모든 족속들이 통곡하며 그들이 인자가 구름을 타고 능력과 큰 영광으로 오는 것을 보리라 그가 큰 나팔소리와 함께 천사들을 보내리니 그들이 그의 택하신 자들을 하늘 이 끝에서 저 끝까지 사방에서 모으리라

해설 : 그리스도인의 죽음은 영광스러운 그리스도의 통치의 세계를 함께 누리게 됩니다. 마찬가지로 현실의 삶 속에서의 그리스도인의 자아의 죽음은 진정으로 육과 마귀를 정복하는 놀라운 영적인 승리의 삶으로 인도합니다.

3. 인자로서의 삶   * 고통, 승리, 잃어버린 자, 비난, 낮고 천한

주님은 인자로 오신 것으로 믿었습니다. 인자는 예수님의 독특한 표현으로서 아버지께서 보낸 인자로 오셔서 하나님의 뜻을 이루고 아버지께 간다는 예수님의 독특한 비전을 암시하는 말입니다.

요 3:13 하늘에서 내려온 자 곧 인자 외에는 하늘에 올라간 자가 없느니라

(1) (　　　) 환경에서 사신 것을 문제 삼지 않음

마 11:19 인자는 와서 먹고 마시매 말하기를 보라 먹기를 탐하고 포도주를 즐기는 사람이요 세리와 죄인의 친구로다 하니 지혜는 그 행한 일로 인하여 옳다 함을 얻느니라

(2) (　　　) 자를 찾으심

눅 19:10 인자가 온 것은 잃어버린 자를 찾아 구원하려 함이니라

(3) (　　　)을 이기심

마 12:8 인자는 안식일의 주인이니라 하시니라(안식일 논쟁시)

(4) (　　　)을 아심

마 17:12 내가 너희에게 말하노니 엘리야가 이미 왔으되 사람들이 알지 못하고 임의로 대우하였도다 인자도 이와 같이 그들에게 고난을 받으리라 하시니

(5) 최후 (　　　)를 믿음

막 10:34 그들은 능욕하며 침 뱉으며 채찍질하고 죽일 것이나 그는 삼 일 만에 살아나리라 하시니라

묵상도우미

사람에게서 재물을 빼앗아 보라. 그가 움츠릴 것이요, 그로부터 목표를 빼앗아 보라, 그는 기력을 잃을 것이라. 그로부터 소망을 빼앗아 보라, 그는 주저앉고 말 것이다.

4. 소망과 비전의 삶을 이루는 신자의 삶

(1) 시 62:5 (　　　) 하나님만 바람

(2) 시 71:14 하나님을 (　　　)(　　　)찬송

(3) 시 78:7 하나님의 (　　　)을 지킴

(4) 롬 8:25 오래 (　　　) 기다림

(5) 롬 12:12 (   ) 즐거워 함

(6) 고후 3:12 복음의 담대한 (   )

(7) 딤전 4:10 (   )하고 힘씀

(8) 딤전 5:5 항상 (   )와 (   )

(9) 히 6:18-19 큰 (   )속의 견고한 삶

(10) 요일 3:3 주님처럼 자기를 (   )케 함

(제11과 **좋은 생각** – 그리스도처럼 생각하고(지) –)

> * 롬 8:6 – 육신의 생각은 사망이요 영의 생각은 생명과 평안이니라 (암송말씀)
>
> * 사무엘 스마일즈 – 생각을 심으면 행동을 거두고, 행동을 심으면 습관을 거두고, 습관을 심으면 성품을 거두고, 성품을 심으면 운명을 거둔다.

마음은 우리 삶의 근본입니다. 마음을 잘 먹으면 매사에 평안할 수 있습니다. 그러나 마음을 잘못 먹으면 큰 불행이 다가올 수도 있습니다. 평안한 마음은 잔잔한 호수 같지만 어지러운 마음은 풍랑이 이는 바다와 같습니다. 하나님께서는 마음을 다스리는 자는 성을 빼앗는 자보다 낫다고 말했습니다. 성경은 지킬만한 것보다 네 마음을 지켜라 생명의 근원이 이에서 난다고 말씀하셨습니다.

서론

(1) 내가 가장 평안(행복) 할 때는 어떨 때 입니까?

(2) 내가 이 세상에서 이루고 싶은 아름다운 꿈은 무엇입니까?

1. 생각에 대한 주님의 관점(마태복음)

(1) 경고 / 마 9:4 ....

(2) 이유 / 마 15:19 ....

(3) 비교 / 마 12:34-35 ....

(4) 복 / 마 5:8 ....

(5) 본 / 마 11:29 ....

(6) 연관성 / 마 15:18 ....

(7) 목표 / 마 22:37 ....

묵상도우미

한 수도사가 거미줄을 쓸고 있었습니다. 어느 날 수도사는 자기를 생각하며 기도하였습니다. "주님! 내가 내 방을 깨끗하게 하는 것처럼 온전히 내 마음을 깨끗이 하소서." 그때 수도사는 한 목소리를 들었습니다. "사랑하는 나의 종아! 매일 거미줄을 쓴들 무슨 소용이 있겠느냐. 거미줄을 치는 거미를 죽이는 것이 좋지 않겠느냐. 그때에는 거미줄을 쓸 필요가 없어지느니라." 수도사는 그때부터 마음의 거미를 죽이는 일에 노력했습니다.

2. 생각의 결정성   * 태도, 미래, 영적성숙, 언어

(1) 생각이 우리의 (   ) 를 결정합니다.

렘 6:19 땅이여 들으라 내가 이 백성에게 재앙을 내리리니 이것이 그들의 생각의 결과라 그들이 내 말을 듣지 아니하며 내 율법을 거절하였음이니라

욥 3:25 내가 두려워하는 그것이 내게 임하고 내가 무서워하는 그것이 내 몸에 미쳤구나

(2) 생각이 우리의 (　　　　　　)를 결정합니다.

마 12:34-35 독사의 자식들아 너희는 악하니 어떻게 선한 말을 할 수 있느냐 이는 마음에 가득한 것을 입으로 말함이라 선한 사람은 그 쌓은 선에서 선한 것을 내고 악한 사람은 그 쌓은 악에서 악한 것을 내느니라.

(3) 생각이 우리의 (　　　　　　)를 결정 합니다.

빌 4:11-12 내가 궁핍하므로 말하는 것이 아니니라. 어떠한 형편에든지 나는 자족하기를 배웠노니 나는 비천에 처할 줄도 알고 풍부에 처할 줄도 알아 모든 일 곧 배부름과 배고픔과 풍부와 궁핍에도 처할 줄 아는 일체의 비결을 배웠노라

(4) 생각이 우리의 행복을 결정합니다.
눅 17:21 또 여기 있다 저기 있다고도 못하리니 하나님의 나라는 너희 안에 있느니라.

아브라함 링컨 인간은 자신이 마음먹는 정도에 따라 행복해진다.

(5) 생각이 우리의 (　　　　　)을 결정합니다.
고전 13:11 내가 어렸을 때에는 말하는 것이 어린 아이와 같고 깨닫는 것이 어린 아이와 같고 생각하는 것이 어린 아이와 같다가 장성한 사람이 되어서는 어린 아이의 일을 버렸노라

예화도우미
어리석은 왕이 울퉁불퉁한 땅 때문에 발에 상처가 났다고 불평했습니다. 그리고는 온 나라에 가죽을 깔도록 명령했습니다. 이 말을 들은 어릿광대는 기가 막혀 웃었습니다. "폐하, 그것은 아주 무모한 발상입니다. 그렇게 낭비할 필요가 뭐 있습니까? 발을 보호하기 위해서라면 쇠가죽 두 조각만 있으면 될 텐데 말입니다." 왕은 그가 말한 대로 했고 이렇게 해서 신발이 생겨나게 되었다고 합니다. 깨달음에 이른 사람은 세상을 고통 없는 곳으로 만들기 위해서는 세상이 아니라 자기 마음을 변화시켜야 한다는 것을 압니다.

3. 생각의 변화성   * 묵상, 선택, 긍정

현재 당신의 모습은 당신의 과거 생각의 결과이며, 미래의 당신의 모습은 당신의 현재 생각의 결과이다.(제임스 알랜)

(1) 좋은 생각을 (   )하라
빌 4:8 끝으로 형제들아 무엇에든지 참되며 무엇에든지 경건하며 무엇에든지 옳으며 무엇에든지 정결하며 무엇에든지 사랑 받을 만하며 무엇에든지 칭찬 받을 만하며 무슨 덕이 있든지 무슨 기림이 있든지 이것들을 생각하라

(2) 좋은 생각을 (   )하라
수 1:8 이 율법 책을 네 입에서 떠나지 말게 하며 주야로 그것을 묵상하여 그 안에 기록된 대로 다 지켜 행하라 그리하면 네 길이 평탄하게 될 것이며 네가 형통하리라

당신의 마음을 형통의식으로 채워놓으라(성경은 풍부 가능의식 형통의식으로 충만합니다.)

빌 4:19 나의 하나님이 그리스도 예수 안에서 영광 가운데 그 풍성한 대로 너희 모든 쓸 것을 채우시리라

요 1:14 말씀이 육신이 되어 우리 가운데 거하시매 우리가 그의 영광을 보니 아버지의 독생자의 영광이요 은혜와 진리가 충만하더라.

(3) 사건을 (   )적으로 해석하는 훈련을 하라
생각을 잘하는 기술이란 해석하는 기술입니다. 한 인간의 성숙은 사건에 대한 해석능력과 반응능력에 따라 결정됩니다. 또한 적응능력입니다.

4. 성도의 마음에 행하시는 하나님의 역사

(1) 삼상 10:9   * 지혜

(2) 왕상 10:24   * 새 마음

(3) 느 7:5   * 기쁨을 주심

(4) 시 4:7   * 감동 감화

(5) 잠 24:12   * 소생케 하심

(6) 사 57:15   * 저울질

(7) 눅 24:45   * 강하게 하심

(8) 행 14:22   * 마음을 열어주심

(9) 살후 2:17   * 인도하심

(10) 살후 3:5   * 위로하심

그리스도인의 품성이란

3. 그리스도처럼 느끼고(정)

> * 빌 2:8 – 사람의 모양으로 나타나사 자기를 낮추시고 죽기까지 복종하셨으니 곧 십자가에 죽으심이라 (암송말씀)
>
> * 존 드라이든 – 가장 향기로운 향수는 언제나 가장 작은 병에 담겨 있다.

예수님의 성품 중 가장 아름다운 성품은 겸손이라고 할 수 있습니다. 예수님은 스스로 겸손하다고 말씀하시면서 내게 와서 배우라고 말씀하셨습니다(마11:29). 우리의 겸손의 멘토는 예수님이십니다. 아담은 하나님이 아니면서 하나님이 되려고 했습니다. 그 교만이 그를 불순종하게 만들었습니다. 그러나 예수님은 하나님이시면서 하나님의 자리를 포기했습니다. 그리고 죽기 까지 순종했습니다. 그러므로 하나님은 예수님을 지극히 높이셨습니다. 우리는 늘 겸손한 성품에 관심을 가져야 합니다. 왜냐하면 조금만 무관심하면 교만이라는 잡초가 자라기 때문입니다. 모든 잡초가 그러하듯 잡초는 좋은 씨앗들을 쉽게 헤쳐 버립니다. 겸손은 아주 피기 어려운 꽃이요 아주 힘들게 맺는 열매와 같습니다. 그러므로 주의를 기울여 겸손의 성품을 가꾸어야 합니다.

서론

(1) 겸손하기 가장 어려운 이유는 무엇이라고 생각합니까?

(2) 겸손하기 위해 제일 먼저 생각해야 할 것은 무엇이라고 생각 합니까?

1. 겸손한 주님의 초청(마 11:28-30)

(1) 대상과 약속 / 28절............................ (2) 방법과 결과 / 29절............................

(3) 이유 / 30절............................

주님의 영성은 겸손의 영성입니다. 우리가 겸손할 때 가장 주님을 닮아 삽니다. 주님과 같이 겸손할 때 우리는 주님과 닮은꼴로 나아가게 됩니다.

2. 하나님의 축복을 끌어오는 겸손의 힘

(1) 잠 15:33............................

(2) 잠 11:2............................

(3) 대하 7:14............................

　① 겸손할 때............................

　② 교만할 때............................

(4) 대하 26:4-5, 16-21 / 웃시야 왕

(5) 약 4:6............................

묵상도우미
우리가 겸손해야 할 이유는 크게 세 가지입니다. 첫째 우리는 피조물이기 때문이요, 둘째는 죄인이기 때문이요, 셋째는 성도이기 때문입니다. (엔드류 머레이, 겸손)

3. 겸손이란　　* 경외, 한계, 역할, 위치, 자기

골 3:12 그러므로 너희는 하나님이 택하사 거룩하고 사랑 받는 자처럼 긍휼과 자비와 겸손과 온유와 오래 참음을 옷 입고

(1) 하나님을 (   )하는 것(잠 9:10;22:4)   (2) 자기 (   )를 지키는 것(사 14:12-15)

(3) 자신의(   )을 아는 것(요 3:30)   (4) 자신의 (   )를 아는 것(고전 3:6-7)

(5) (   )를 낮추는 것(빌 2:8)

예화도우미

대학에서 수학을 전공한 어떤 학생이 졸업 여행으로 이곳저곳을 다니다가 어느 산속에 있는 정자에서 쉬게 되었습니다. 그곳에서 우연히 노신사를 만나 수학에 관한 이야기를 나누게 되었습니다. 수학에 대해 어느 정도 공부했느냐고 묻는 신사의 질문에 그는 기세당당하게 "수학을 정복했습니다."라고 대답했습니다. 이번에는 학생이 노신사에게 "수학을 어느 정도까지 하셨습니까?"라고 묻자 그 노신사는 조용한 소리로 "나는 겨우 수학에 대해 이해하기 시작했네."라고 대답했습니다. 그런데 학생은 그 노신사의 성함을 알고는 부끄러움과 놀라움을 금치 못했습니다. 그는 다름 아닌 그 시대에 철학자와 수학자로 명성을 날린 화이트 헤드(A. N. Whitehead) 교수였기 때문입니다.

4. 교만의 원인   * 미성숙, 배부름, 무지, 과신

(1) 육신의 (   )(신 8:12-14)   (2) 자신을 의지해서 승리함(왕하 14:10)

(3) 술에 취함(잠 20:1)   (4) 절대 권력의 추구(겔 30:6)

(5) 자기 (   )(겔 31:10)   (6) 하나님 주권에 대한 (   )(단 4:30)

(7) 영적 (   )(딤전 3:6)

묵상도우미

'나'라는 인물은 가장 엄혹(嚴酷)한 인물로서 그는 언제나 자기를 위해서 가장 좋은 좌석과 제일

높은 자리를 요구하며, 그 요구가 용납되지 않을 때는 크게 상처를 입습니다. 교회의 지도자들 사이에 일어나는 분규의 대부분은 이 거대한 '나'라는 존재가 떠들고 일어나는데서 기인합니다. 우리들 가운데는 가장 낮은 자리를 취하는 비결을 알고 있는 사람이 얼마나 드문지요! (스미스 부인)

5. 성도가 겸손해야 할 때

(1) 왕상 3:6-9   *   * 하나님 앞에 설 때

(2) 왕하 22:19   *   * 사람과 대면할 때

(3) 눅 18:13-14 *   * 자신의 죄를 느낄 때

(4) 눅 15:17-21 *   * 자신의 무가치함을 느낄 때

(5) 행 20:18-19 *   * 자신의 약함을 느낄 때

(6) 고후 10:1   *   * 자신의 한계를 느낄 때

(7) 고후 12:8-10 *   * 언제든지

묵상도우미

성도들이여 예수의 죽으심과 삶을 마치 나의 죽음과 삶인 것 같이 믿음을 가지고 선포하십시오! 자아와 자아의 능력으로부터 해방된 자리인 예수의 무덤, 곧 하나님의 휴식에 들어가십시오. 자기의 생명을 아버지의 손에 맡겼던 그리스도와 같이 그대 자신을 낮추십시오. 매일 매일 온전히 아무도 바라보지 말고 하나님만을 의지하는 그 자리에 이르십시오. 그러면 하나님께서는 그대로 영화로운 자리로 이끌어 올릴 것입니다. 예수님은 깊은 음부에까지 자기를 낮추셨습니다. 매일 아침 뉘우치고 자기를 낮추고 낮추십시오. 그러면 예수님의 생명은 매일 매일 그대의 심령 속에서 새로워질 것입니다. (엔드류 머레이, 겸손)

6. 겸손한 자의 축복

(1) 시 10:17...   (2) 시 147:6...

(3) 잠 3:34 ....   (4) 잠 22:4...

(5) 사 29:19 ....   (6) 사 57:15하......영이 소생됨...............

(7) 마 23:12...

묵상도우미

겸손은 죽음에까지 이르는 길입니다. 왜 그럴까요? 죽음으로만 이 겸손은 그 극치를 이루기 때문입니다. 겸손은 꽃입니다. 이 꽃에서 맺어진 완벽한 열매는 곧 자아를 희생시키는 죽음입니다. 예수께서는 죽기까지 자기를 낮추셨고 또한 우리가 걸어야 할 그 길을 개척했습니다. 그리스도께서 자기를 낮추시사 자기를 하나님께 복종케 하신 그것을 증명할 수 있었던 것은 오직 죽음밖에는 없었습니다. 인간의 성품을 죽이고 하나님의 영광을 나타내기 위해서도 이 죽음의 길 외에 다른 길이 없습니다. 이것은 그리스도께 있어서 뿐 만 아니라 우리에게 있어서도 또한 같습니다.(앤드류 머레이, 겸손)

하나님의 위대하심이여!
나는 먼지에 지나지 않나이다!
나는 그대의 광대무변하신
사랑에 삼키운 바 되오니
오직 하나님만이
전유(全有)가 되시고
나는 없나이다.

제13과 **온유** – 그리스도처럼 느끼고(정) –

* 마 11:29 – 나는 마음이 온유하고 겸손하니 나의 멍에를 메고 내게 배우라 그리하면 너희 마음이 쉼을 얻으리니 (암송말씀)

* 미상 – 온유함은 나약함이 아니라, 봉사를 위하여 장비된 힘이다.

한 인간의 온유함은 그의 성품에 의해 결정됩니다. 오스왈드 샌더스는 "참된 위대함은 그가 처한 환경에 있는 것이 아니라 그의 성품에 있다."고 했습니다. 예수님의 성품가운데 두드러진 성품은 겸손과 온유의 성품입니다. 예수님은 마태복음 11:29에서 〈나는 마음이 온유하고 겸손하니 나의 멍에를 메고 내게 배우라 그러면 너희 마음이 쉼을 얻으리니〉라고 말씀하셨습니다. 그리고 팔복을 말씀하실 때도 온유한 자가 복을 받을 것이라고 말씀하십니다(마 5:5).

서론

(1) 나의 마음이 가장 완악해지기 쉬운 상황(때)은 어떤 상황(때) 입니까?

(2) 온유한 마음으로 성숙하기 위한 가장 좋은 방법은 무엇이라고 생각합니까?

1. 온유의 모범되신 그리스도

(1) 왕(그리스도의)의 특성 3가지 / 시 45:4..

(2) 양들의 비유 / 사 53:7..

(3) 명령과 이유 / 마 11:29-30...

(4) 권면의 태도 / 고후 10:1...

묵상도우미

헬라어의 온유란 말은 〈프라오스〉인데 3가지 의미로 많이 썼습니다. 첫째는 어떤 환자가 고열이 있어서 의사가 준 약을 먹고 정상적인 상태로 돌아왔을 때를 〈온유하다〉라고 했습니다. 열이 다스려 졌다는 말입니다. 둘째, 뜨거운 태양 볕 아래서 땀을 뻘뻘 흘리며 어쩔 줄 모를 때 어디선가 상쾌한 바람이 불어오면 이때 사람들은 〈프라오스〉 즉 온유해졌다고 말을 합니다. 바람이 열기를 잡고 자기가 안정 상태가 된 것을 말합니다. 셋째, 그보다 제일 많이 사용한 말은 사나운 짐승을 훈련시킬 때입니다. 사자나 이리 같은 사나운 짐승을 훈련할 때 힘이 잘 조절되면 주인은 "프라오스(온유해졌다)!"라고 말합니다.

2. 사도의 교훈

(1) 범죄에 대한 태도 2가지 / 갈 6:1...

(2) 하나님 자녀의 특성들 / 골 3:12-13..

(3) 말씀을 받는 태도 2가지 / 약 1:21...

(4) 하나님의 사람이 기억할 것들 / 딛 3:2...

(5) 속사람 단장 법 / 벧전 3:4..

어느 날 빌리 선디 목사님께 한 부인이 찾아와서 "나는 성질 잘 내는 것이 흠입니다. 그러나 나는 오래가지 않습니다."라고 말하였습니다. 그러자 빌리 선디 목사님은 "자매님이여, 그러나 당신이 성냄을 인해서 누군가의 마음속에 남겨두었던 그 상처는 오래! 오래! 오래! 오래! 간다는 사실을 기억하십시오."라고 말하였습니다.

3. 하나님의 사람들의 생활양식

(1) 하나님의 사람의 특성 / 딤전 6:11...

(2) 거역하는 자들에 대한 태도와 결과 / 딤후 2:24-25..

(3) 나타낼 시기와 대상 / 딛 3:2...

4. 성경에 나타난 온유한 자들

(1) 모세 / 용서하는 성품(민 12:1-3)

① 하나님의 깊은 뜻: 다른 사람들은 모세를 비방했습니다. 그러나 하나님은 모세를 충성된 종이라고 하셨습니다. 사실 하나님은 모세를 통해 모든 열방을 품으시는 세계 선교의 비전을 이루고 계셨던 것입니다. 인종과 색깔을 뛰어넘어 각 나라와 각 족속을 구원하시는 하나님의 원대한 구원 계획을 모세를 통해 이루고 계셨던 것입니다. 이 점을 미리암과 아론이 보지 못한 것입니다.

② 미리암에 대한 모세의 반응

민 12:13..

(2) 이삭 / 부드러운 성품

① 이삭은 희롱을 당할 뿐 이스마엘과 싸우지 않았습니다(창 21:9).

② 우물사건(창 26:18-22) 끝까지 양보했습니다. 더 큰 하나님의 축복을 가지고 있었기 때문입니다. 온유한 자는 더 큰 하나님의 축복의 약속이 있음으로 참고 인내하면서 부드럽게 상대방을 대할 수 있습니다.

(3) 그리스도 / 섬세한 성품

① 예수님의 온유함은 작은 자 한 사람에게 대하는 섬세함에 있습니다. 나사로를 살리신 다음 〈풀어 다니게〉 해 주셨습니다(요 11:44).

② 또한 회당장 야이로의 딸을 살리신 후에는 먼저 〈먹을 것을 주어라〉 말씀하셨습니다(막 5:43).

③ 예수님을 3번 부인하고 낙심한 베드로를 만난 후에는 먼저 먹이셨습니다(요 21:12-13).

하나님은 크고 위대하신 분이시지만 세심한 사랑을 펴 주십니다. 그래서 예수님이 좋은 것입니다.

5. 온유한 자들의 복

(1) 땅을 주심(시 37:11 / 마 5:5) 땅을 주시겠다는 뜻은 땅을 다스리는 복을 주시겠다는 말입니다. 땅을 다스리는 복은 승리하는 복입니다. 온유한 사람은 결국 왕 노릇 하게 됩니다. 온유한 자는 승리하게 됩니다.

① 아비멜렉의 태도 / 창 26:26-31...

② 이삭의 태도 / 창 26:27,30-31..

"너희가 나를 미워하여 나로 너희를 떠나가게 하였거늘 어찌하여 내게 왔느냐"고 했습니다. 이삭이 온유하다고 바보처럼 대해서는 안 됩니다. 이삭은 모든 것을 알고도 참았던 것입니다. 모든 것을 알고도 기다린 것입니다. 승리할 때 까지 강성해질 때까지 기다렸던 것입니다. 하나님이 그를 강성하게 만드실 때까지 기다렸던 것입니다.

(2) 쓰임 받는 복 / 모세

민 12:3 이 사람 모세는 (   )함이 지면의 모든 사람보다 더하더라

모세는 원래 온유한 사람이 아니었습니다. 그러나 그의 과격한 성격을 온유한 성격으로 만드시기 위해 그를 광야로 보내십니다. 40년 동안의 훈련. 깨어지고 온유한 사람이 되었습니다. 장인 이드로의 양을 치면서 양 한 마리 한 마리의 소중함을 배웁니다. 그가 온유함의 훈련을 마치자 원망과 비방으로 가득한 이스라엘 백성들을 그에게 맡기십니다.

(3) 말씀을 받는 복

약 1:21 그러므로 모든 더러운 것과 넘치는 악을 내버리고 너희 영혼을 능히 구원할 바 마음에 심어진 말씀을 온유함으로 받으라

(4) 말씀을 전하는 복

벧전 3:15 너희 마음에 그리스도를 주로 삼아 거룩하게 하고 너희 속에 있는 소망에 관한 이유를 묻는 자에게는 대답할 것을 항상 준비하되 (   )와 (   )으로 하고

우리는 말씀을 받을 때도 말씀을 전할 때도 온유함으로 해야 합니다. 사람들은 때로 우리가 전하는 복음을 전하는 태도를 보고 복음을 받게 된다는 사실을 잊지 말아야 합니다. 가장 억울할 때도 억울함을 품지 말아야 합니다. 예수님은 그렇게 하시지 않았습니다. 복수하지 않고 용서해 주셨습니다. 참된 승리는 성품에 있습니다. 온유한 자가 왕 노릇을 합니다. 강한 것이 먼저 부러집니다. 먼저 사라집니다. 작은 것 따뜻한 것, 부드러운 것이 오래 갑니다.

제14과 관용 - 그리스도처럼 느끼고(정) -

> * 고후 6:13 - 내가 자녀에게 말하듯 하노니 보답하는 것으로 너희도 마음을 넓히라 (암송말씀)
>
> * 찰스 램 - 나는 남의 마음을 이해하고 나를 양보하기를 좋아한다.

관용이란 남을 배려하는 마음을 말합니다. 자신만 생각하는 것이 아니라 남을 생각하는 것입니다. 남을 먼저 생각하는 마음은 관용이라는 성품에서 나옵니다. 관용이라는 성품을 생각하면 가장 먼저 떠오르는 분은 주님입니다. 주님은 십자가상에서도 자기를 못 박는 원수들을 위해서도 용서의 기도를 올리셨습니다.

서론

(1) 나의 마음이 좁게 느껴질 때는 어떤 때 입니까?

(2) 마음을 넓히기 위해 최상의 방법을 함께 나누어 봅시다.

1. 관용의 근거

(1) 모세율법 / 신 15:12-14..

(2) 지혜자의 충고 / 잠 25:21, 전 11:1..

(3) 선지자의 명령 / 사 58:7...

(4) 그리스도의 명령 / 마 5:42, 10:8...

(5) 사도의 권고 / 행 20:35..

예화도우미

관용은 나에게 큰 이익이 되어 돌아옵니다. 그러므로 성숙한 자의 삶은 장기적으로 보면 항상 부요합니다. 나폴레옹 군대가 강한 이유에 대하여 다음과 같은 일화가 전해지고 있습니다. 나폴레옹이 순찰을 가끔 나갔는데, 하루는 보초를 보다가 조는 병사를 발견했습니다. 왕을 보고 깜짝 놀란 병사는 무릎을 꿇고 살려달라고 했습니다. 이 때 나폴레옹은 "얼마나 피곤하면 이런 위기 속에서도 졸았는가? 좀 쉬게나."하고는 자기가 대신 보초를 보았다고 합니다. 그 병사는 일생동안 왕에게 충성을 다했다고 합니다.

2. 성도가 포용할 일(구체적인 예)

(1) 창 50:17.................................... (2) 마 5:44....................................

(3) 마 6:14...................................... (4) 막 11:25...................................

(5) 고후 12:13..................................

3. 관용의 대상

(1) 룻 2:15-16	① 모든 사람들에게
(2) 삼상 26:6-12	② 기름부음을 받은 자
(3) 롬 14:1-3	③ 권면할 자에게
(4) 고후 2:7-10	④ 돌이킨 형제들
(5) 고후 10:1	⑤ 가난한 자
(6) 빌 4:5	⑥ 초신자
(7) 딤전 5:1	⑦ 연장자

* 관용하지 말아야 할 대상 / 죄악(창 4:7), 범죄케 하는 몸의 지체(막 9:43-47), 우상숭배(고전 5:11), 이단(요 21:10-11), 사단(엡 4:27)

4. 관용하는 자의 복(구체적인 사람의 예)

A. 아브라함의 관용

(1) 창 13:8-9...

(2) 눅 16:22 ....

B. 관용하는 아브라함에게 주신 복

(1) 창 13:1-2 ....

(2) 창 13:5-6 ....

(3) 창 13:14-15...

(우리가 배워야 할 소중한 원리가 있습니다. 하나님의 복을 받은 사람 가까이에 있으면 우리도 복을 받는다는 사실입니다.)

5. 관용의 성품을 가꾸는 지혜 *괄호도우미: 약속, 종말, 청지기, 풍부

(1) 하나님의 (   )을 신뢰할 때 관용을 베풀게 됩니다.
아브라함은 하나님의 약속을 붙잡고 살았습니다. 창세기 12장에서 하나님은 아브라함에게 복 주실 것을 약속하셨습니다(창 12:2-3). 그는 어떤 처지에서도 복을 주실 것을 믿었습니다. 우리는 심는 것을 거둡니다. 관용의 씨앗을 심으면 반드시 거두게 되어 있습니다. 우리가 거두지 못하면 우리 자녀들이 거두게 될 것입니다.

(2) (   )의식을 가질 때 관용을 베풀게 됩니다.

창 13:1-2 아브람이 애굽에서 그와 그의 아내와 모든 소유와 롯과 함께 네게브로 올라가니 아브람에게 가축과 은과 금이 풍부하였더라

관용을 베푸는 사람들은 하나님의 은혜를 경험한 사람들입니다. 우리가 하나님의 관용을 경험할수록 관용을 베풀게 됩니다.

(3) (   )의식을 가질 때 관용을 베풀게 됩니다.
우리가 잘 베풀지 못하는 것은 우리가 소유한 것을 우리의 것이라고 생각하기 때문입니다. 우리가 소유했다고 우리의 것이 아닙니다. 하나님이 잠시 맡겨 두신 것입니다.

(4) (   )의식을 가질수록 관용을 베풀게 됩니다.
관용을 베풀기 위해서는 종말의식을 가지고 살아야 합니다. 우리는 영원히 이 땅에서 사는 것이 아닙니다. 언젠가는 이 땅을 떠나야 하고 그 때는 아무것도 가지고 갈 수 없습니다.

빌 4:5 너희 관용을 모든 사람에게 알게 하라 주께서 가까우시니라

6. 복음의 포용성

(1) 사 55:7....죄인에 대한 포용성................. (2) 눅 23:34...................................... ....

(3) 행 10:47...................................... (4) 행 11:18......................................

(5) 롬 3:22...................................... (6) 갈 3:28......................................

(제15과 **화평 / 화목 / 평화** – 그리스도처럼 느끼고(정) –)

---

* 롬 12:18 – 할 수 있거든 너희로서는 모든 사람과 더불어 화목하라 (암송말씀)

* T W 윌슨 – 평화는 세상을 치료하고 항상 지키는 세력이다

그리스도인은 하나님의 자녀로 이 땅위의 삶을 살아가는 사람들입니다. 또한 그리스도인은 주님의 자취를 따라가는 사람들입니다. 주님의 이 땅위에서의 삶은 하나님과 원수 된 우리를 위해 화평을 이루기 위한 삶이셨습니다. 이를 위해 십자가를 지셨습니다. 그러므로 성숙한 그리스도인들이 걸어야 할 최고의 덕목 중의 하나가 화평의 길입니다.

서론

(1) 나에게 있어서 화해하기 가장 어려운 상대방의 성격은 어떤 성격입니까?

(2) 나에게 있어서 가장 좋은 친구의 모습은 어떤 모습입니까?

1. 화평의 의의

(1) 시 37:37................................. (2) 시 133:1................................

(3) 잠 17:1 .... (4) 마 5:9.................................

(5) 골 1:20........................... .... (6) 요1 4:10..............................

예화도우미

대학교 수련회 때 강사님으로 오신 임 목사님으로부터 들은 예수전도단 미국 선교사 L 목사님에 대한 이야기입니다. 한국의 젊은 임 목사님은 평소에 미국의 L 선교사님을 탐탁하지 못하게 생각한 시절이 있었다고 합니다. 그 이유는 한국교회가 이만큼 성장했으니 더 이상 미국 선교사가 필요 없다는 생각에서였습니다. 이런 생각 속에 점점 두 분의 거리에는 상당한 거리가 자리 잡게 되었다고 합니다. 그래서 전도여행도 큰 지장을 받게 되었습니다. 하루는 식사를 하는데 미국의 선교사님이신 L목사님이 식탁 밑으로 무릎을 꿇으면서 다가오시더랍니다. 그래서 자기도 내려앉을 밖에 없었고 두 분은 손을 잡고 흐느꼈다고 합니다. 그때 서로의 마음속에 다음과 같은 마음을 가졌다고 합니다. 한 분은 한국의 젊은 목사님이 너무 불쌍해 보였고, 한 분은 미국의 선교사님이 자기보다 나이도 훨씬 많으신데 그 먼 땅을 떠나 여기까지 와서 수고하는 모습에 너무 목이 메었다고 합니다. 화해 후에 이루어진 그 해 전도 집회 때 수많은 기적이 일어났다고 합니다.

2. 교회와 성도(엡 2:11-19)

(1) 과거의 모습(12절)

　① 그리스도 밖에 있었음

　② 약속의 언약들에 대해 외인

　③ 소망도 하나님도 없음

(2) 현재의 모습(13-14절)

① 멀리 있었으나 가까워졌음

② 둘이었으나 하나로 만드심

③ 원수였으나 화평케 됨

3. 화해 공동체 / 교회 (엡 2:13-19)

① 화해를 이루신 분 그리고 장소(13절)................그리스도 예수 안에.........................

② 화해의 두 대상(14-16절)..

③ 화해의 도구(13,16절)..

④ 화해의 목표(18절)...

⑤ 화해의 수준(22절)...

예화도우미

로버트 리(Robert Lee)는 미국의 명장이었습니다. 그런데 그의 라이벌 가운데 〈화이팅〉(Whiting) 장군이 있는데 그는 늘 로버트 리 장군을 중상모략 했습니다. 어느 날 대통령이 로버트 리 장군에게 화이팅 장군이 어떠냐고 물어보았습니다. 그랬더니 "그는 참으로 신뢰할 만한 사람입니다."라고 했습니다. 대통령이 깜짝 놀라면서 반문했습니다. "그대에 대해 화이팅 장군이 나쁜 이야기를 많이 하는 것으로 나는 알고 있는데 그렇게 대답할 수 있소?" 그때 로버트 리 장군은 이런 유명한 대답을 했습니다. "각하시여, 각하는 그에 대한 저의 의견을 물으신 것이지, 저에 대한 그의 의견을 물은 것이 아니지 않습니까?"

4. 화평과 연관되는 내용을 생각해 봅시다

(1) 사 32:17...........영원한 안전................. (2) 욥 22:21.................................

(3) 시 119:165... (4) 요 14:27...

(5) 요 16:33......................................,... (6)롬 2:10..

(7) 롬 8:6.. (8) 롬 14:7...

(9) 엡 2:14.. (10) 빌 4:7...

5. 그리스도인의 평화에 대한 태도

(1) 신 2:26..

(2) 마 10:12...

(3) 렘 9:8.........................해를 도모하는 자를 조심해야 함..

(4) 렘 29:7..

(5) 롬 1:7.........................평화를 나누어 주는 통로가 될 것.......................................

(6) 롬 12:17,18..

(7) 약 2:16..

예화도우미

"여러분. 이 정치적인 혼란, 전쟁의 공포에서 세계가 구원될 수 있는 유일한 길은 예배 밖에는 없습니다. 제가 말하는 예배란 잠잠하고 하나님 앞에 기다리며 그분을 바라보는 것입니다. 소용돌이 치는 삶 속에서 우리가 평안을 누리는 길을 주님을 바라보는 것입니다."
(컨터베리 대주교, 2차 대전 당시 방송)

6. 그리스도인이 화평한 삶으로 살아가야 할 이유

(1) 욥 22:21 ....

(2) 마 5:23-24 ....

(3) 고후 5:18-19, 슥 9:10 ....

(4) 히 12:14 ....

주여!

나를 평화의 도구로 써 주소서!

미움이 있는 곳에 사랑을

상처가 있는 곳에 용서를

분열이 있는 곳에 일치를

의혹에 있는 곳에 믿음을 심게 하소서

위로받기 보다는 위로하며

이해받기 보다는 이해하며

사랑받기 보다는 사랑하며

자기를 온전히 줌으로써 영생을 얻기 때문이니

주여! 나를 평화의 도구로 써 주소서.

- 성 프란체스코 -

(제16과 긍휼 - 그리스도처럼 느끼고(정) -)

> * 마 5:7 - 긍휼히 여기는 자는 복이 있나니 그들이 긍휼히 여김을 받을 것임이요 (암송말씀)
>
> * 토마스 왓슨 - 사랑과 은혜와 긍휼은 하나님의 품에서 나란히 살아가는 의로운 세 자매이다.

우리는 다 같이 하나님 앞에 긍휼을 받은 자들입니다. 우리 모두는 죄인이요, 부족한 자요, 하나님의 저울에 모두가 불합격 당한 자들입니다. 그런데도 하나님께서 긍휼의 은혜를 주셔서 우리를 예수님의 보혈로 씻어 정하게 하시고 주 예수 품안에서, 그 은혜 안에서 살 수 있도록 도와주셨습니다. 그리스도인의 성품은 이 긍휼의 성품입니다. 하나님의 사람이란 하나님의 긍휼을 기억하면서 긍휼의 삶을 실천하면서 살아가는 사람들이라고 할 수 있습니다.

서론

(1) 최근에 나에게 비추어진 이 세상에서 가장 불쌍한 모습은 어떤 것들이 있습니까?

(2) 상대방을 사랑하기가 가장 힘든 경우는 어떤 경우입니까?

1. 주님의 성품

(1) 긍휼과 관계된 하나님의 품성 3가지

시 86:15..

(2) 긍휼의 내용과 이유

엡 2:4-7..

묵상도우미
사랑이 애인을 방문하는 친구와 같은 것이라면 긍휼은 병자를 방문하는 의사와 같은 것입니다. 또 은혜가 죄 가운데 있는 사람에게 베푸시는 하나님의 애정이라면 죄의 결과로 비참한 상태 속에 놓여 있는 사람을 향한 애정입니다. (토마스 왓슨)

(3) 은혜의 순서
시 51:1 주의 (   )를 따라 내게 (   )를 베푸시며 주의 많은 (   )을 따라 내 (   )을 지워주소서

(4) 주님의 성품을 아는 자들의 삶

① 시 57:1.................................... ② 시 123:2....................................

③ 마 5:7.................................... ④ 히 4:16....................................

2. 긍휼의 의미   * 죄인, 연약, 의심, 가난, 고난

(1) (   )한 사람을 불쌍히 여기심
사 42:3 상한 갈대를 꺾지 아니하며 꺼져가는 등불을 끄지 아니하고 진실로 정의를 시행할 것이며

상한 갈대 / 꺼져가는 등불 같은 사람을 불쌍히 여기십니다. 불쌍히 여기시기 위해서 친히 상한

갈대같이 되셨습니다. 주님은 우리와 똑같이 시험을 받으셨습니다. 그러므로 그 분은 우리를 능히 도우실 수 있는 분이십니다(히 2:18).

(2) (　　　　)한 사람을 불쌍히 여기심
레 19:10 네 포도원의 열매를 다 따지 말며 네 포도원에 떨어진 열매도 줍지 말고 (　　　　)한 사람과 거류민을 위하여 버려두라 나는 너희의 하나님 여호와이니라

(3) (　　　　)임을 인정하는 사람을 불쌍히 여기심
시 51:1 하나님이여 주의 인자를 따라 내게 은혜를 베푸시며 주의 많은 긍휼을 따라 내 죄악을 지워 주소서

(4) (　　　　) 중에 있는 사람을 불쌍히 여기심
히 2:18 그가 시험을 받아 (　　　　)을 당하셨은즉 시험 받는 자들을 능히 도우실 수 있느니라

예수님은 고통 받는 자들의 고통을 긍휼히 여기시기 위해 친히 고통을 받으셨습니다. 가장 사랑하는 아들의 희생하는 고통을 경험하신 하나님 아버지는 고통 받는 자들과 함께 고통을 받으십니다.

(5) (　　　　)하는 사람을 불쌍히 여기심
– 마귀는 3번이나 〈만일〉이란 말을 하면서 예수님에게 (　　　　)을 집어넣었습니다.
– 뱀이 하와를 유혹할 때도 말씀에 대한 의심을 집어넣었습니다.
– 하나님은 의심이 얼마나 무서운지 아셨기에 예수님께 확신의 음성을 들려주셨습니다.

마 3:17 하늘로부터 소리가 있어 말씀하시되 이는 내 사랑하는 아들이요 내 기뻐하는 자라 하시니라

주님은 인성(人性)을 가지셨기 때문에 공생애 사역을 하시기 전 확신이 필요했습니다. 하나님은 주님에게 확신을 주심으로 공생애 사역을 잘 마치도록 하셨습니다. 그리고 주님은 다시 하나님의 확신의 음성을 받습니다. 그것은 변화산에서의 음성입니다. 똑같은 확신의 음성을 듣습니다(막 9:7). 우리도 종종 주님의 자녀임을 잊을 때가 있습니다. 이때 주님의 확신된 말씀으로 재무장해야 할 것입니다.

3. 긍휼의 수준

(1) 엡 4:32... (2) 골 3:13...

(3) 히 4:15...

예화도우미

꿈 많고 신사적이며 존경받던 그리스도인 가운데 토마스 모어(Thomas More) 경이라는 사람이 있었습니다. 그는 무고하게 잡혀 죽음을 당하게 되었습니다. 그런데 그는 자기에게 사형을 언도하고 있는 재판장을 향하여 유명한 말을 남겼습니다. "재판관이시여, 내가 당신을 친구라고 부르도록 허락해주십시오. 친구여, 나는 당신과 나의 관계가 바울과 스데반의 관계가 되기를 원하오. 바울이 스데반을 죽였지만, 지금쯤 하늘나라에서 이 두 사람은 가장 좋은 친구가 되어 있을 것이오. 그대가 나에게 죽음을 선고하지만 우리는 하늘나라에서 영원한 구원을 함께 누리는 친구가 되기를 바라오." 이 때 재판관이 물었습니다. "내가 그대에게 사형을 언도했는데 그대가 나를 선대하는 이유는 무엇이오?" 이때 토마스 경은 이렇게 대답을 했습니다. "주께서 나에게 먼저 긍휼을 베풀어주셨기 때문입니다."

4. 긍휼 때문에 얻는 풍성한 축복   *구원, 기적, 통로, 용서

(1) (   )을 얻음
엡 2:3-5 전에는 우리도 다 그 가운데서 우리 육체의 욕심을 따라 지내며 육체와 마음의 원하는 것을 하여 다른 이들과 같이 본질상 진노의 자녀이었더니 (   )이 (   )하신 하나님이 우리를 사랑하신 그 큰 사랑을 인하여 허물로 죽은 우리를 그리스도와 함께 살리셨고 너희는 은혜로 (   )을 받은 것이라

(2) (   )를 얻음
시 103:4 네 생명을 파멸에서 속량하시고 인자와 긍휼로 관을 씌우시며

(3) (   )을 경험함
막 1:40-42 한 나병환자가 예수께 와서 꿇어 엎드려 간구하여 이르되 원하시면 저를 깨끗하게 하실 수 있나이다 예수께서 (   ) 여기사 손을 내밀어 그에게 대시며 이르시되 가 원하노니 깨끗함을 받으라 하시니 곧 나병이 그 사람에게서 떠나가고 깨끗하여진지라

(4) 축복의 (   )

① 대상 / 사 58:10...

② 축복 / 58:11-12..

....

묵상도우미
긍휼은 결코 억지로 요구해서 얻을 수 있는 것이 아니다. 이는 고요히 내리는 빗방울처럼 하늘에서 아래로 떨어진다. 긍휼은 주는 사람과 받는 사람을 다 같이 축복한다. (셰익스피어)

제17과 눈물 – 그리스도처럼 느끼고(정) –

* 히 5:7 – 그는 육체에 계실 때에 자기를 죽음에서 능히 구원하실 이에게 심한 통곡과 눈물로 간구와 소원을 올렸고 그의 경건하심으로 말미암아 들으심을 얻었느니라 (암송말씀)

* 미상 – 눈물을 흘릴 줄 모르는 이에게 사랑을 주지 말라.

그리스도인들이 눈물을 흘리는 것은 아름다운 일입니다. 주님께서 눈물을 흘리셨기 때문입니다. 눈물은 주님을 닮아가는 아름다운 품성입니다. 눈물이 없는 인생은 인생의 많은 부분을 잃어버린 사람입니다. 눈물을 흘리지 않음은 용감하고 우월한 존재가 아닙니다. 눈물은 모든 해결의 방편입니다. 〈실컷 울어 보시오 그러면 만사가 다 해결될 것입니다.〉 참을 수 없이 답답할 때 눈물 한 방울만 흘려보면 모든 긴장이 풀어지고 모든 문제가 해결되는 것을 느끼게 될 것입니다.

서론

(1) 최근에 가장 감동적인 사건은 어떤 것들이 있습니까?

(2) 눈물의 장단점은 무엇이라고 생각합니까?

1. 예수님의 눈물

예수님은 우리위해 (   )와 (땀)과 (   )를 흘리셨습니다(요 11:35, 눅 22:44, 요 19:34).

(1) 시기와 그 의미

① 눅 19:41 / 시기 /................................ 이유 /...

② 요 11:35. 시기 /............................... 이유 /........인간이 죽음 앞에 무력함을 보심........

③ 히 5:7 / 시기............................... 이유 /...

히브리서 5:7절에서는 주님께서 흘리신 눈물이 복수형으로 기록이 되어있습니다. 이는 아마도 주님께서 눈물을 자주 흘리셨다는 것을 말해 줍니다.

(2) 성도가 흘려야 할 눈물

① 예수님이 흘린 (   )의 눈물(히 5:7)

② 베드로가 흘린(   )의 눈물(마 26:75)

③ 여인이 흘린(   )의 눈물(눅 7:47)

예화도우미

주님 앞에 잘 살아가고 있는 한 부부가 있었습니다. 그들은 둘 다 열심이어서 주님을 잘 섬겼습니다. 그러던 어느 날 그들이 지극히 사랑하던 아들이 죽었습니다. 그들은 화가 나서 소리쳤습니다. "이제 우리는 하나님을 믿지 않겠다. 그렇게 열심히 하나님을 섬겼는데 우리를 축복 하기는 커녕 우리 아들을 죽게 내버려 두시다니." 이제는 그들에게서 예전 같은 열심이 사라졌습니다. 그 후 몇 년이 지났습니다. 한 번은 죽은 아들의 아버지가 들판 길을 걷다가 한 목동이 양떼를 이끌고 도랑을 건너려고 애쓰는 것을 보았습니다. 아직 그 지방에는 그런 도랑에 변변한 다리가 없어 판자가 그 역할을 대신하고 있다 보니 사람들은 힘들지 않게 건널 수 있으나 양들은 겁이 많아서 건너지 못하고 목동만 애를 쓰고 있었습니다. 마침내 목동은 꾀를 내었습니다. 그리고는 양들 중에서 제일 귀한 놈을 그 어미에게서 떼어 강제로 그 판자 위로 건너게 했습니다. 그러자 어미 양이 자식에 대한 사랑으로 위험을 무릅쓰고 그 뒤를 따라 판자 위로 도랑을 건너갔습니다. 그렇게 해서 모두 도랑을 건널 수 있게 되었습니다. 그 아버지는 이를 보고 눈물이 흘러내렸고 그는 곧 영적으로 소생하게 되었습니다. "주님, 이것이면 충분합니다." 그는 울면서 말했습니다. "내가 도랑을 건너기가 무서워서 도랑 이쪽에서 떨고 있었기 때문에 하나님께서 먼저 내 아들을 데려가신 것이다. 양처럼 어리석은 것들도 뒤따라 갈 줄 아는데 내가 왜 뒤에서 망설인단 말인가?" 그 아버지는 천국신앙을 가지고 이 땅위의 나그네 인생길을 굳센 믿음으로 잘 걸어가는 위대한 신앙인이 되었습니다.

2. 믿음의 선배들의 눈물을 흘렸던 시기

(1) 욥 / 욥 16:20..

운다는 것은 인간으로서의 약점의 표시이지만 하나님 앞에서 행하여야 할 도리가 됩니다. 하나님 앞에서 눈물을 흘릴 줄 아는 사람은 복 있는 사람입니다.

(2) 다윗 / 시 6:6...

묵상도우미

너의 인생길에 사면초가가 둘리고 온통 주위에서 너만을 흠잡고 모두가 너의 잘못을 비난하여 마치 너의 주변이 전부 너를 배반하는 듯이 보일 때 그 때가 바로 네가 하나님 앞에 눈물을 흘려야 할 때이다. 눈물이야말로 너의 유일한 출구이며 그것만이 너의 문제를 해결해 줄 수 있는 것이다.

(3) 예레미야 / 애 1:2...

예화도우미

알렉산더 대제가 한번은 편지를 받았는데 그 속에는 그의 어머니의 죄가 조목조목 적혀 있었습니다. 그것은 바로 그 아들 앞에 어머니를 고소하는 것을 의미했습니다. 편지에 대한 답으로 알렉산더는 한 문장을 써 보내었습니다. "나의 어머니의 눈에서 나오는 한 방울의 눈물이면 그녀의 모든 죄를 깨끗하게 하기에 족하다."

묵상도우미

죄에 대한 약은 두 가지가 있는데 하나는 주님의 보혈이요 다른 하나는 우리의 눈물이다.

3. 눈물과 기도

(1) 주님께 상달되는 가장 좋은 기도
시 39:12 여호와여 나의 기도를 들으시며 나의 부르짖음에 귀를 기울이소서 내가 (   ) 흘릴 때에 잠잠하지 마옵소서 나는 주와 함께 있는 나그네이며 나의 모든 조상들처럼 떠도나이다

(2) 하나님은 눈물을 (   ) 계십니다.
왕하 20:5 너는 돌아가서 내 백성의 주권자 히스기야에게 이르기를 왕의 조상 다윗의 하나님 여호와의 말씀이 내가 네 기도를 들었고 네 눈물을 (   ) 내가 너를 낫게 하리니 네가 삼 일 만에 여호와의 성전에 올라가겠고

(3) 기도와 더불어 흘리는 눈물은 효과가 있습니다.
히 5:7 그는 육체에 계실 때에 자기를 죽음에서 능히 구원하실 이에게 심한 (   )과 (   )로 간구와 소원을 올렸고 그의 경건하심으로 말미암아 들으심을 얻었느니라

(4) 눈물을 세고 계십니다.
시 56:8 나의 유리함을 주께서 (   )하셨사오니 나의 눈물을 주의 병에 담으소서 이것이 주의 책에 기록되지 아니하였나이까

병에 담는다는 의미는 우리의 모든 고난을 기억하심을 의미합니다. 우리의 눈물이 땅에 떨어져 먼지와 섞이지 않고 하나님의 기억의 병에 저장되어 있음은 하나님께 감사드려야 합니다. 그것은 하나님의 기록부에 올라 있기 때문입니다. 하나님은 잊어버리지 않으시고 항상 우리의 눈물을 기억하고 계십니다. −워치만 니−

(5) 디모데에 대한 바울의 사랑 / 일꾼들의 필수 사항
딤후 1:3-4 내가 밤낮 간구하는 가운데 쉬지 않고 너를 생각하여 청결한 양심으로 조상적 부터 섬겨 오는 하나님께 감사하고 네 (   )을 생각하여 너 보기를 원함은 내 기쁨이 가득하게 하려 함이니

4. 주의 일에 대하여 / 눈물과 주의 일에 대한 관계

(1) 예레미야의 기도의 모습과 그 이유 / 렘 9:1-2..

....

(2) 눈물의 종결 시기
렘 31:16 여호와께서 이와 같이 말씀하시니라 네 울음소리와 네 눈물을 멈추어라 네 일에 삯을 받을 것인즉 그들이 그의 대적의 땅에서 돌아오리라 여호와의 말씀이니라
(하나님께서 우리가 진실로 눈물을 흘린다면 우리가 갚음을 받을 것이라고 말씀하십니다.)

(3) 바울이 눈물을 흘릴 때

① 행 20:19.. ② 행 20:31 ....

③ 고후 2:4..

(4) 복음 선포 때
시 126:5-6 눈물을 흘리며 씨를 뿌리는 자는 기쁨으로 거두리로다 울며 씨를 뿌리러 나가는 자는 반드시 기쁨으로 그 곡식 단을 가지고 돌아오리로다
(복음의 단은 구원받은 영혼이다.)

5. 눈물에 대한 하나님의 태도

(1) 시 56:8.. (2) 시 116:8 ....

(3 계 7:17 ....

(제18과 **영혼 사랑** – 그리스도처럼 느끼고(정) –)

> * 행 7:60 – 무릎을 꿇고 크게 불러 이르되 주여 이 죄를 그들에게 돌리지 마옵소서 이 말을 하고 자니라 (암송말씀)
>
> * 마틴 루터 – 사람은 사랑할수록 하나님의 형상에 가까이 다가간다.

사랑은 기독교의 상징이며 특징입니다. 우리 그리스도인들은 사랑하며 사랑을 받으며 살아가는 사람들입니다. 그러나 사랑이 식어지고 갈등 속에 인간관계를 해 나가기도 하는 사람들이 또한 그리스도인들입니다. 성경은 사랑에 대하여 어떤 정의를 내리고 있고 사랑은 어떤 삶인가를 알아봅시다.

서론

(1) 내가 최근에 감동받은 가장 아름다운 러브 스토리는 어떤 것들이 있습니까?

(2) 이웃의 진실 된 사랑을 얻기 위해 내가 할 가장 좋은 방법은 어떤 것이라고 생각합니까?

1. 사랑의 기원 (요일 4:7)

① 명령......................... ② 원천......................... ③ 결과.........................

2. 사랑의 이유

(1) 요일 4:21......................... (2) 요 13:34-35.........................

예화도우미

40년 동안 종교생활을 하면서도 여전히 자기중심적이고 신앙의 감격이 없어 답답해하던 여인이 있었습니다. 마침내 그녀는 수도원에 투신하여 계율과 의무에 열중하였지만 마음의 차가움과 공허함은 여전하였습니다. 어느 날 복도를 걷다가 주께서 헤롯의 뜰에서 채찍에 맞으시는 그림을 보았습니다. 그동안 수 백 번도 더 본 그림이었지만 그날 그 순간 그 그림은 전혀 새로운 경이로움으로 다가오기 시작했습니다. 여기서 여인은 자신을 위해 고난 받고 계신 사랑의 하나님을 만났습니다. 한 순간 여인은 무릎을 꿇었습니다. 긴 침묵이 흘렀습니다. 한참 후 여인은 다시 일어났습니다. 말할 수 없는 사랑의 빚을 진 심정으로 일어났습니다. 더 이상 여인은 옛 사람이 아니었습니다. 사랑의 바다가 여인의 가슴에서 열리고 있었습니다. 이 여인이 바로 성 테레사였습니다.

3. 그리스도와의 관계

(1) 마 22:37-39......................... (2) 막 5:12-15, 요 4:4.........................

4. 사랑의 현장

(1) 서로 사랑으로 (   )

갈 5:13 형제들아 너희가 자유를 위하여 부르심을 입었으나 그러나 그 자유로 육체의 기회를 삼지 말고 오직 사랑으로 서로 (   ) 하라

(2) 이방인 사랑 / 나와 다른 것을 이해함

레25:35 네 형제가 가난하게 되어 빈손으로 네 곁에 있거든 너는 그를 도와 거류민이나 동거인처럼 너와 함께 생활하게 하되

(3) (   ) 자를 입힘
사 58:7 또 주린 자에게 네 양식을 나누어 주며 유리하는 빈민을 집에 들이며 (   )자를 보면 입히며 또 네 골육을 피하여 스스로 숨지 아니하는 것이 아니겠느냐

(4) 마음을 나눔
롬 12:15 즐거워하는 자들과 함께 즐거워하고 우는 자들과 함께 울라

(5) 약자 돌보는 것
약 1:27 하나님 아버지 앞에서 정결하고 더러움이 없는 경건은 곧 (   )와 (   )를 그 환난 중에 돌보고 또 자기를 지켜 세속에 물들지 아니하는 그 것이니라

(6) 흠을 덮어주는 것
잠 10:12 미움은 다툼을 일으켜도 사랑은 모든 (   )을 가리느니라

(7) 행복의 지름길
잠 15:17 채소를 먹으며 서로 사랑하는 것이 살진 소를 먹으며 서로 미워하는 것보다 나으니라

5. 진정한 사랑의 모습   * 아픔, 수고, 손해

(1) (   )을 참으면서 사랑 / 왼편
마 5:39 나는 너희에게 이르노니 악한 자를 대적하지 말라 누구든지 네 오른편 뺨을 치거든 왼편도 돌려 대며

(2) (   )를 참으면서 사랑 / 겉옷
마 5:40 또 너를 고발하여 속옷을 가지고자 하는 자에게 겉옷까지도 가지게 하며

(3) (   )를 참으면서 사랑 / 십리
마 5:41 또 누구든지 너로 억지로 오 리를 가게 하거든 그 사람과 십 리를 동행하고

6. 더 많이 사랑으로 나아가는 다섯 단계

(1) 경험하기 (1단계)

① 먼저 경험해야 할 것 / 엡 3:17-17...

② 우리가 하나님을 사랑하는 이유 / 요일 4:19(요 15:12)...

(2) 원수를 용서하기 (2단계)
골 3:13 누가 누구에게 불만이 있거든 서로 용납하여 피차 용서하되 주께서 너희를 용서하신 것 같이 너희도 그리하고

(3) 사랑스런 생각하기 (3단계) / 생각을 바꾸면 사랑의 감정이 생김(직접적 영향)
빌 2:4-5 각각 자기 일을 돌볼뿐더러 또한 각각 다른 사람들의 일을 돌보아 나의 기쁨을 충만하게 하라 너희 안에 이 마음을 품으라 곧 그리스도 예수의 마음이니

생각은 감정을 일으킵니다. 감정은 바꾸기 힘들지만 생각은 내가 바꿀 수 있습니다. 사실 외면당하고 사랑하고 싶지 않은 사람은 엄청나게 많은 사랑을 받아야 할 사람들입니다. 사랑받기 위해서는 사람들은 긍정적/부정적 행동을 하면서 주목을 끌려고 하는 경향이 있습니다. 사랑의 반대는 미움이 아니라 무관심이기 때문입니다.

생각 (감정에 직접적인 영향) ————— 감정 ————— 행동 (감정에 간접적인 영향)

(4) 사랑스럽게 행동하기 (4단계) / 믿음으로 행동하면 사랑의 감정이 생김(간접적 영향)
눅 6:27-28 그러나 너희 듣는 자에게 내가 이르노니 너희 원수를 사랑하며 너희를 미워하는 자를 선대하며 너희를 저주하는 자를 위하여 축복하며 너희를 모욕하는 자를 위하여 기도하라

① 원수를 사랑하라 / 결점을 너그러이 봐주라
② 선대하라 / 필요를 채워주고 실제적인 도움을 주라
③ 축복하라 / 높여주고 격려하라
④ 기도하라 / 기도하면 내가 먼저 변화된다.

(5) 최선을 기대하라 (5단계)
고전 13:7 모든 것을 참으며 모든 것을 믿으며 모든 것을 바라며 모든 것을 견디느니라

최선을 기대하면 최선을 다하게 됩니다. 그것이 믿음으로 사랑하는 것입니다. 부모는 아이의 부족을 보더라도 사랑하기 때문에 아이의 최선의 모습을 바라봅니다. 마찬가지로 사랑은 상대방의 최선을 기대하며 바라보는 것입니다. 예수님은 이것을 아셨습니다. 제자들이 비록 연약한 가운데 있을지라도 나중에 아름다운 하나님의 일꾼이 될 것을 아셨기 때문에 제자들을 끝까지 참고 사랑하셨습니다.

요한복음 13:1 유월절 전에 예수께서 자기가 세상을 떠나 아버지께로 돌아가실 때가 이른 줄 아시고 세상에 있는 자기 사람들을 사랑하시되 끝까지 사랑하시니라

(제19과 **가족사랑** – 그리스도처럼 느끼고(정) –)

* 딤전 5:8 – 누구든지 자기 친족 특히 자기 가족을 돌보지 아니하면 믿음을 배반한 자요 불신자 보다 더 악한 자니라 (암송말씀)

* 테오파네스 베나드 – 행복이란 하나님에 대한 사랑과 경외가 넘치고, 서로 사랑하고 돌 보고 돕는 가정에만 찾아 볼 수 있는 것이다.

가정은 하나님께서 인간을 위하여 만들어 주신 축복의 장소입니다. 그곳에는 하나님의 섭리와 계획이 있으며 아무리 퍼내어도 마르지 않는 사랑의 샘이 있습니다. 그곳에서 가족들은 참 쉼과 평강을 누리며 섬김과 이해와 용서를 경험하면서 살아갑니다. 가정은 우리에게 기쁨과 소망을 주는 위로의 장소요, 안식처입니다. 인간이 이 세상에서 천국을 경험할 수 있는 유일한 장소가 바로 가정입니다.

서론

(1) 나에게 있어서 가족의 의미를 나름대로 표현해 봅시다.

(2) 가장 아름다운 가족의 모습은 어떤 모습이라고 생각합니까?

1. 썬다싱의 영언록 / 주께서 다음과 같이 나에게 물으신다면

(1) 너는 매일 성경을 읽고 말씀대로 살았느냐? (시 119:105)

(2) 너는 항상 기도하며 낙심하지 아니했느냐? (살전 5:17)

(3) 너는 나를 믿고 구원받은 사실을 이웃에게 간증했느냐?(벧전 3:15)

(4) 너는 맡은 일에 주인 정신으로 충성 봉사했느냐?(고전 4:2)

(5) 너는 성령받기 힘쓰고 신앙의 열매를 맺었느냐?(갈 5:22)

(6) 너는 주일예배에 참석하는 성수주일을 잘 지켰느냐?(요 4:24)

(7) 너는 십일조와 감사헌금으로 교회 선교사업에 참여했느냐?(말 3:10)

(8) 너는 세상 유혹에 빠지지 않도록 항상 단정히 행했느냐?(롬 13:13)

(9) 너는 성도들끼리 사랑의 교제를 나누는데 최선을 다했느냐?(시 133:1)

(10) 너는 가정과 교회와 지역사회에서 빛과 소금의 역할을 했느냐?(마 5:13)

2. 축복받은 가정의 모습 / 구약에서

A. 시 112:1-7절

(1) 1절……………………………………… (2) 2절……………………………………………

(3) 3절……………………………………… (4) 4절……………………………………………

(5) 5절……………………………………… (6) 6절……………………………………………

(7) 7절………………………………………

B. 시 128:1-6

(1) 1절……………………………………… (2) 2절……………………………………………

(3) 3절……………………………………… (4) 4절……………………………………………

(5) 5절.. (6) 6상..

(7) 6하..

묵상도우미

미국의 심리학자의 통계에 의하면 '1주일에 부부가 얼마나 많은 진지한 대화를 나누고 있나' 조사를 한 결과 1주일 168시간(10,080분)중에 평균 17분, 하루 대화 시간은 42초, 자녀와의 대화 시간은 하루 37초, 그러나 TV 시청 시간은 평균 2시간 이상으로 나타났습니다. 한국의 현실도 비슷합니다. 우리의 대화시간은 어느 정도 입니까?

3. 축복받은 가정의 모습(행 10장) / 신약-고넬료 가정

(1) 경건한 가정의 3 모습 / 2절

①.............................. ②.............................. ③..............................

(2) 고넬료의 구원의 역사는 누구와 함께 이루어졌는가?

행10:24..

(3) 함께 구원받는 자들의 축복된 모습들

① 행10:44.................................... ② 행10:47....................................

③ 행10:48....................................

4. 행복한 가정의 원리   * 책임, 질서, 이해, 도움, 연합

마태복음 19:5 말씀하시기를 그러므로 사람이 그 부모를 떠나서 아내에게 합하여 그 둘이 한 몸이 될지니라 하신 것을 읽지 못하였느냐

(1) (   )의 원리 〈사람이 혼자 사는 것이 좋지 아니하니〉(창 2:18)

다른 사람을 무시하면서 이기적으로 살지 않고 대화를 통해 인격적인 관계를 맺으라는 것입니다. 좋은 사람과 나쁜 사람의 차이가 무엇입니까? 나쁜 사람은 어딜 가도 나쁩니다. 좋은 사람은 조화를 아는 사람입니다.

(2) (   )의 원리 〈내가 그를 위하여 돕는 배필을 지으리라〉

인간관계를 통해서 얻은 행복은 너무 잘 맞는 사람들이 만났기 때문에 경험되는 것이 아닙니다. 서로 다른 사람들이 서로 잘 적응하는 과정에서 경험하는 것입니다.

존 피셔 〈결혼의 성공여부는 맞는 사람을 발견하는데 있지 않고 자기가 결혼한 사람에게 적응할 수 있는 능력에 달려 있다.〉

행복은 완벽한 만남에 있는 것이 아닙니다. 더 중요한 것은 서로 다른 사람들이 잘 적응하는 것입니다. 상대에게 먼저 바라지 말고 자신이 먼저 돕는 배필이 되어야 합니다. 우리가 만난 것은 불완전함을 비판하기 위해서가 아니라 불완전함을 보충하기 위해서 만난 것입니다.

(3) (   )의 원리

창 2:19 〈여호와 하나님이 흙으로 각종 들짐승과 공중의 각종 새를 지으시고〉

다양성의 이치를 이해하고 차이를 인정하는 것입니다. 아담은 자연의 흙으로 하와는 사람의 갈비뼈로 만드셨습니다. 나와 다른 사람을 이해해야 합니다. 남자는 하루 2만 마디이상을 말하면 더 이상 말할 의욕을 잃는다고 합니다. 그러나 여자는 3만 마디를 해야 한다고 합니다. 여자는 말하는 재미로 삽니다. 그래서 예수님이 부활하셨을 때 남자제자들에게 나타나지 않고 여자들에게 나타나신 이유를 생각해 보신 일이 있습니까? 여자들이 말을 빨리 전하기 때문입니다.

(4) (   )의 원리

눅 2:51 예수께서 함께 내려가사 나사렛에 이르러 순종하여 받드시더라 그 어머니는 이 모든 말을 마음에 두니라

(5) (   )의 원리

요 19:25-27 예수의 십자가 곁에는 그 어머니와 이모와 글로바의 아내 마리아와 막달라 마리아가 섰는지라 예수께서 자기의 어머니와 사랑하시는 제자가 곁에 서 있는 것을 보시고 자기 어머니께 말씀하시되 여자여 보소서 아들이니이다 하시고 또 그 제자에게 이르시되 보라 네 어머니라 하신대 그 때부터 그 제자가 자기 집에 모시니라

(6) 선한 교훈의 원리

딤전 5:8 누구든지 자기 친족 특히 자기 가족을 돌보지 아니하면 믿음을 배반한 자요 불신자보다 더 악한 자니라

(7) 사랑 확대의 원리

마 12:49-50 손을 내밀어 제자들을 가리켜 이르시되 나의 어머니와 나의 동생들을 보라 누구든지 하늘에 계신 내 아버지의 뜻대로 하는 자가 내 형제요 자매요 어머니이니라 하시더라

제20과 자족(만족 / 행복)의 삶 – 그리스도처럼 느끼고(정) –

> * 빌 4:11 – 어떤 형편에서든지 나는 자족하기를 배웠나니 (암송말씀)
>
> * 아이잭 월튼 – 하나님이 거하시는 곳은 두 곳이다. 하나는 천국이요, 다른 하나는 겸손하고 감사하는 심령이다.

자족이란 하나님의 성품을 묘사하는 말입니다. 하나님은 스스로 충족하신 분이십니다. 하나님은 자신의 행복을 위하여 다른 사람이나 다른 어떤 것들을 필요로 하지 않으십니다. 자족은 신비한 은혜입니다. 이 은혜를 체험하고 누리지 못한다면 우리는 너무 많은 것을 놓치고 있는 것입니다.

서론

(1) 나에게 있어서 행복하기 위한 지름길은 무엇이라고 생각합니까?

(2) 최근의 나의 행복지수는 몇 점 정도라 생각되십니까? (100점 만점이라면)

1. 예수 그리스도의 풍성

(1) 요1:14.................................... (2) 요6:11-13................................

(3) 요6:35.................................... (4) 요7:38.................................

(5) 요10:10................................. (6) 행10:38...............................

(7) 엡1:7-8................................. (8) 골1:19................................

그리스도인의 풍성은 내가 모시고 있는 예수님의 풍성으로부터 시작됩니다. 이 풍성은 깨닫고 느끼고 체험하며 우리의 생활을 통해 활성화시켜야 합니다.

2. 은혜 받은 마음(빌 4장)

(1) 빌 4:6.................................... (2) 빌 4:11...............................

(3) 빌 4:13................................. (3) 빌 4:19...............................

은혜 받은 삶이란 예수 안에서 감사와 행복의 모든 비결을 발견하고 누리는 데 있습니다.

3. 자족에 관하여

(1) 빌 4:12 / 상태...

(2) 딤전 6:6 / 유익...

(3) 딤전 6:8 / 수준...

(4) 딤전 6:9 / 방해물...

(5) 히 13:5 / 집중..

예화도우미
어느 상관과 부하의 이야기

시네우스 : "각하 저는 로마인들이 강력한 투사들이라고 들었습니다. 신들이 허락하여 우리가 그들을 무찌른다면 거기에서 우리는 무엇을 얻을 수 있을까요?"

피루스 : "로마를 물리치면 이태리의 나머지 땅도 쉽게 정복할 수 있을 것이오."

시네우스 : "그렇습니다. 그것은 사실이라고 생각합니다. 그런데 우리가 이태리를 정복하면 싸움이 끝날까요?"

피루스 : "아니요 계속 정복하여 아프리카에 있는 로마의 영토도 차지할 수 있을 것이오."

시네우스 : "그러면 로마제국 전체를 정복한 후에는 어떻게 해야 합니까?"

피루스 : "그때 우리는 쉬면서 날마다 잔치를 열고 마음껏 즐기게 될 것이오."

시네우스 : "지금 그렇게 쉬고 즐길 수는 없을까요? 그런 작전을 통하여 많은 위험을 당하고 또 많은 사람들의 목숨을 빼앗지 않고서도 얼마든지 즐길 수 있지 않습니까? 왜 지금 쉬면 안 되지요?"

피루스 : "....................??"

(6) 눅 17:20-21 / 성취성 ....

4. 자족의 역설성

(1) 외면이 아닌 내면성 (눅 17:21)

우리는 환경에 좌우되지 않는 내적인 안식을 얻기 위해 노력해야 합니다. 외부적인 도움을 받아 그 결과로 자족하는 것은 추운 겨울 날 불을 쪼임으로 몸을 따뜻하게 하려는 것과 같습니다. 건강한 사람은 자기 자신의 몸에서 열을 발산하여 자기 옷을 덥힙니다. 참된 그리스도인의 자족이란 변함이 없는 내면 상태를 말합니다. 그것은 일시적인 유쾌한 기분이 아닙니다. 그것은 마음의 항구적인 태도입니다.

(2) 무보다는 유를 바라봄 (요 6:9, 딤전 6:8)

하와의 실수 / 우리가 해야 할 영적 훈련 중의 하나는 자족하는 훈련입니다. 하나님이 주신 것을 누릴 줄 아는 훈련입니다. 없는 것보다는 있는 것에, 갖지 못한 것보다는 소유한 것에 집중하는 훈련입니다. 모든 것을 다 소유하고서도 자족하지 못한다면 그는 가장 가난한 사람입니다. 빈곤이란 소유한 것을 누리지 못하는 것입니다. 가난만이 빈곤이 아닙니다. 자족하지 못하는 것이 빈곤입니다.

(3) 늘림보다는 줄임 (골 3:5)

어떤 철학자가 이런 말을 했습니다. "가장 훌륭한 부자는 욕망이 없는 사람이다."

(4) 내 뜻보다 하나님 뜻 (마 26:39, 골 1:16)

그리스도인들은 억지로 마지못해서 자족하지 않습니다. 그들은 기꺼이 하나님께 순복하며 거리낌 없이 자족을 얻습니다. 그리스도인들은 하나님께서 그들을 위해 마련하신 계획에 순복합니다. 하나님의 계획은 그들이 스스로 세운 계획과 전혀 다를 수도 있습니다. 그리스도인의 자족이란 하나님의 계획안에서 정말로 기뻐하는 것입니다. 그리스도인들은 자신들보다도 하나님께서 그들에 대하여 더 잘 알고 계신다는 사실을 깨닫습니다. 그들은 하나님께서 그들 자신들의 유익을 위해 모든 것을 계획하셨음을 믿습니다.

5. 자족의 유익

(1) 체험성/ 하나님을 기쁨으로 섬김 (빌 1:17-18)
하나님을 섬기는 것이 예배입니다. 그리고 하나님께서 자신을 위해 이루어주신 일들을 기뻐하는 것이 곧 하나님을 예배하는 것입니다. 자족한 자는 이미 예배를 이룬 자들입니다.

(2) 활력성 / 영적 생활의 능력 (빌 4:13)
자족하는 자는 매사에 활기가 넘쳐납니다. 모든 것에 에너지가 넘칩니다.

(3) 해방성 / 시험에 이김(살전 5:16-18)
우리는 "시험에 들게 하지 마옵소서"라고 기도합니다. 자족할 줄 모르는 사람은 사단에게 쉽게 유혹을 당합니다. 그러나 자족하는 자에게는 벽에다 화살을 쏘는 것과 같습니다.

(4) 희락성/ 생활의 큰 기쁨 (빌 4:18-19)
모든 행복은 기쁨에서 오며 기쁨은 행복을 가져다줍니다. 그런데 이 기쁨은 자족에서 온다는 사실입니다. 그러므로 자족은 행복의 큰 행복과 기쁨의 원천입니다. 바울은 감옥에서도 감사해서 부요했습니다. 그러나 하와는 에덴에서도 핍절을 느끼고 있습니다.

함께 나누기 자족이 부족함으로 내가 부족을 겪었던 분야는 어떤 부분입니까?

제21과 감사 - 그리스도처럼 느끼고(정) -

> * 시 50:23 - 감사로 제사를 드리는 자가 나를 영화롭게 하나니 그 행위를 옳게 하는 자에게 내가 하나님의 구원을 보이리라 (암송말씀)
>
> * 키케로 - 감사는 가장 위대한 품성일 뿐 아니라 다른 모든 품성의 어버이이다.

감사하는 성품은 성숙한 영혼의 표지입니다. 영적 성숙은 감사하는 태도로 측정할 수 있습니다. 감사는 가장 위대한 성품입니다. 예수님의 생애는 늘 감사하는 생애였습니다. 예수님은 기적을 일으키실 때마다 먼저 감사의 기도를 올리셨습니다. 예수님은 자신의 살과 피를 내어주시는 성찬 때에도 감사하셨습니다. 사도바울도 마찬가지입니다. 그는 범사에 감사한 삶을 살았습니다. 그리고 성도들에게 범사에 감사하라고 했습니다. 그 이유는 무엇일까요? 그 이유는 감사하는 영혼이 성숙한 영혼이기 때문입니다.

서론

(1) 나에게 있어서 최근에 가장 감사하고 싶은 내용은 무엇입니까?

(2) 감사가 잘 되지 않는 이유는 무엇이라고 생각하십니까?

1. 감사의 대상

(1) 시 50:14...

(2) 딤전 1:12..

우리의 모든 감사의 삶은 하나님께로 향합니다. 이런 의미에서 〈제자 입니까〉의 저자인 오르티즈 목사님은 좋지 않은 날씨도 하나님 주신 것이니 감사를 했다고 합니다.

2. 감사의 모범과 내용

(1) 주님 / 요 11:41...

(2) 사도 / 골 2:6-7..

(3) 선지자 / 단 6:10...

(4) 왕/ 시 103:2-5..

(5) 여인 / 눅 7:37-38,47..

....

감사는 기적의 비결이요, 행복의 비결이요, 좋은 관계를 맺는 비결이며, 변화와 성숙의 비결입니다. 감사를 배우고 감사를 훈련하면 인생의 미래가 밝아집니다. 작은 차이가 큰 차이를 만들어 냅니다. 조금만 자세를 바꾸어도 그 결과는 놀랍습니다.

3. 성품의 특성

(1) 타락한 영혼의 특성 / 롬 1:21..

무상도우미
사람들이 하나님께 반역을 저지르기 시작하는 것은 감사하는 마음이 부족하기 때문이다.
(프란시스 쉐퍼)

(2) 감사하는 영혼의 특성 / 시 50:23...

4. 감사의 의미

A. 받은 것에 대한 감사

(1) 나병환자들의 태도 / 눅 17:15-16...

10명 중에 오직 한 사람 그것도 사마리아 사람만 와서 감사를 표현하고 있습니다. 그가 한 것은 받은 것을 받았다고 표현한 것입니다. 예수님이 자신의 문둥병을 고쳐 주셨다는 사실을 말한 것입니다.

(2) 주님의 실망 / 눅 17:17-18...

(3) 감사한 자의 축복 / 눅 17:17-19..

B. 받을 것에 대한 믿음의 표현

그러므로 하나님이 귀히 여기시는 감사는 믿음으로 드리는 감사입니다. 예수님께서 기적을 이루시기 전에 감사를 하셨습니다(마 14:19).

요한 11:41-42 주님의 감사 내용...

C. 감사는 기적을 만드는 씨앗

하나님 앞에 조심할 일은? 민 14:28..

묵상도우미

불행할 때 감사하면 불행이 끝이 나고 형통할 때 감사하면 형통이 연장된다(스펄전).

D. 감사하는 성도의 복된 모습

(1)시50:23... (2)렘30:19...

(3)단2:23... (4)마26:13...

(5)눅17:19... (6)요11:41...

(7)행16:26... (8)고후2:14...

(9)빌4:6... (10)살전2:13...

감사의 가장 큰 축복은 내 영혼과 마음의 부요함이 이루어진다는 것입니다. 하나님은 이런 마음의 바탕위에 복을 부어주십니다. 그러니 감사한다는 것은 내적으로 외적으로 갑절의 복을 이루는 방법입니다.

E. 감사와 훈련   * 순종, 긍정적, 표현, 구체적

(1) 날마다 받은 복을 (   )으로 세어보라.(시 136)

(2) 우리에게 사랑을 베풀어 준 사람들에게 감사를 (   )하라.(롬 16:1-16)

(3) 하나님께 받은 은혜를 감사 일기에 기록하라.(에 10:2)

(4) 모든 사건을 (   )으로 해석함으로 감사를 표현하라.(창 45:7-8)

(5) 범사에 감사하라는 말씀에 (   )하라(빌 4:6-7).

그리스도인의 품성이란

4. 그리스도처럼 행동해서(의)

제22과 **정직** − 그리스도처럼 행동해서(의) −

> * 사 26:7 − 의인의 길은 정직함이여 정직하신 주께서 의인의 첩경을 평탄하게 하시도다
> (암송말씀)
>
> * 로버트 번즈 − 정직한 사람은 가장 고상한 하나님의 작품이다.

정직한 사람은 사람들의 신뢰와 인정을 받습니다. 정직만큼 우리를 부요하게 만드는 것은 없습니다. 정직하면 담대해집니다. 자유로워집니다. 그리고 거리낌이 없어집니다. 그러나 정직만큼 어려운 것도 없습니다. 정직에 대해 말하기는 쉬워도 정직한 사람이 되는 것은 결코 쉬운 일이 아닙니다. 정직하지 못한 사람을 비판하기는 쉬워도 정작 자신이 정직한 사람이 되는 것은 어려운 일입니다.

서론

(1) 나에게 있어서 정직함 때문에 얻은 유익은 어떤 것이 있었습니까?

(2) 정직하기 위해 우리가 힘쓸 일은 무엇이라고 생각하십니까?

1. 신실하신 주님

(1) 막 8:31,16:6 / 예수님의 약속.................................... 결과....................................

(2) 요 18:34-37 / 헤롯의 질문................................ 대답....................................

(3) 요 9:7 / 예수님의 약속.................................... 결과....................................

2. 정직의 의의

(1) 하나님의 품성 / 시 25:8,32:4 ....

(2) 말씀의 특성 / 시 19:8 ....

(3) 지도자의 요건 / 왕상 3:6 ....

(4) 하나님의 관심 / 욥 8:6 ....

즐거운 신앙생활

거짓말을 잘 하는 한 아이가 있었습니다. 그날도 거짓말을 하다가 엄마에게 들키고 말았습니다. 엄마가 아들에게 말했습니다. "이 엄마는 네 나이 때에 거짓말을 한 번도 하지 않았어요. 그런데 너는 왜 거짓말을 하는 거니?" 이 말을 들은 아들이 궁금한 듯이 되물었습니다. "그럼 엄마는 언제부터 거짓말을 시작했어요?"

3. 정직한 자의 축복

(1) 시 11:7.................................... (2) 시 84:11....................................

(3) 시 97:11.................................... (4) 시 112:2....................................

(5) 잠 2:7.. (6) 잠 3:32...

(7) 잠 13:6.. (8) 잠 14:2...

(9) 잠 16:13.. (10) 사 26:7...

즐거운 신앙생활
한 어린아이가 옆집에 살고 있는 아줌마에게 물었습니다. "아줌마, 화장은 왜 하는 거예요?" "그야 예뻐지려고 하는 거지!" "아줌마도 화장을 하세요?" "그럼, 매일매일 화장을 하지." "이상하네요! 그런데 아줌마는 왜 안 예뻐지는 거예요?"

4. 하나님을 경외할 때 정직한 삶을 살아갈 수 있습니다 .

(1) 정직의 원천은 무엇입니까?

   시 112:1-2, 잠 14:2..

묵상도우미
두려운 감정의 두 가지 양면성. 하나님을 경외하는 것은 하나님을 두려워하는 것입니다. 인간의 감정 중 두려움은 우리가 피하고 싶은 감정입니다. 하나님은 많은 경우에 '두려워하지 말라'고 말씀하십니다. 대적, 사탄과 그리고 세상을 두려워하지 말라고 말씀하십니다. 하나님이 '두려워하지 말라'고 말씀하시는 것은 두려움의 감정 가운데 우리에게 도움이 되지 않는 부정적인 면 때문입니다. 반면에 두려움은 긍정성이 있습니다. 두려움의 감정의 긍정적인 면은 두려움 때문에 하나님의 말씀에 순종할 수 있다는 것입니다. 유혹을 이길 수 있고, 거짓을 버리고 정직을 선택할 수 있습니다. 하나님을 두려워하는 긍정적 두려움 때문에 죄를 멀리 할 수 있습니다. 우리가 정직한 삶을 살 수 있는 길은 하나님을 두려워하는 것입니다. 하나님의 눈길을 의식하는 것입니다.

(2) 요셉의 삶 / 유혹을 이기는 길

   창 39:9..

5. 누가 경외하는 사람이며 어떤 복을 누릴 수 있습니까? / 잠 22:4

(1) (   )한 사람

(2) 누리는 복 ....

6. 장기적인 복(후대)

(1) 시 112:2 ....   (2) 시 112:3...

(3) 시 112:4 ....

(4) 정직한 삶은 당장 눈앞에서 복이 되기보다 세월이 흘러갈수록 복이 되기 때문입니다. 우리가 정직하게 살기를 포기하려고 하는 이유는 정직이 당장은 손해를 주는 것 같은 느낌을 주기 때문입니다. 세상을 살아가다 보면 권모술수를 부리는 사람이 더 잘 사는 것 같이 보이기 때문입니다. 그러나 하나님은 무엇이라고 말씀하고 계십니까?

시 37:1-6..

....

(5) 정직은 씨앗과 같습니다. 그래서 일정기간이 지나면 열매를 맺습니다. 정직은 신용을 쌓는 것과 같습니다. 신용은 하루아침에 쌓이는 것이 아닙니다.

① 당장 다가오는 유익이 적더라도 정직해야 합니다.
잠 16:8 적은 소득이 (   )를 겸하면 많은 소득이 (   )를 겸한 것보다 나으니라

② 하나님의 관심은 우리가 (   ) 많은 돈을 소유했느냐가 아니라 (   ) 벌었느냐에 있습니다.
잠 20:23 한결같지 않은 저울추는 여호와께서 미워하시는 것이요 속이는 저울은 좋지 못한 것이니라

7. 정직한 사람은 하나님과 사람에게 귀하게 쓰임을 받습니다.

딤후 2:20-21 큰 집에는 금 그릇과 은그릇 뿐 아니라 나무그릇과 질그릇도 있어 귀하게 쓰는 것도 있고 천하게 쓰는 것도 있나니 그러므로 누구든지 이런 것에서 자기를 깨끗하게 하면 귀히 쓰는 그릇이 되어 거룩하고 주인의 쓰심에 합당하며 모든 선한 일에 준비함이 되리라

하나님만 정직한 사람을 좋아하는 것이 아닙니다. 사람들도 정직한 사람을 좋아합니다. 그리고 좋아하는 사람에게 가장 소중한 자리를 맡기고 가장 소중한 재산을 맡깁니다. 그래서 정직이 자산입니다.

8. 정직의 법칙

(1) 자신이 정직하지 못한 사람임을 인정하라.

① 정직한 사람이 되기 위해서는 우리 안에 정직한 삶을 살 수 있는 능력이 없음을 인정해야 합니다.

우리의 마음의 상태 / 렘 117:9...

② 정직하려면 정직하지 못한 우리 자신과 만나는 고통스런 과정을 거쳐야 합니다. 우리는 원래 어떤 사람들입니까? 우리가 인정해야 할 사실은 무엇입니까?

요일 1:8-10 ....

(2) 정직한 영을 소유하신 예수님을 마음에 영접하라.
예수님은 진리이십니다. 예수님은 진실하십니다. 예수님 안에는 정직한 영이 거하십니다. 우리가 예수님을 영접하는 순간 우리 안에 거했던 거짓의 영이 떠나갑니다. 마귀는 더 이상 우리의 아비가 될 수 없습니다. 아버지께서 날마다 우리 안에 정직한 영을 창조해 주십니다.

다윗의 기도 3가지

시 51:10-12 ①......................... ②......................... ③.........................

(3) 하나님의 말씀을 마음에 간직함으로 정직을 실천하십시오.

거짓을 이기기 위해서는 능력이 필요합니다. 특히 거짓을 분별하고 유혹을 이길 수 있는 힘은 말씀의 능력입니다.

시 119:9-15 / 간직하는 태도..

(4) 거짓의 유혹에 대해 안 되라고 말하는 용기를 가지십시오.

(5) 정직한 삶을 위해 성령님의 도우심을 받으라.

안 되라고 말하는 힘은 내 힘으로만 안 됩니다. 하나님의 도우심이 필요합니다.

(제23과 **성실** – 그리스도처럼 행동해서(의) –)

* 잠 28:18 – 성실하게 행하는 자는 구원을 받을 것이나 굽은 길로 행하는 자는 곧 넘어지리라 (암송말씀)

* J R 로웰 – 자기 자신에 대하여 성실하지 못한 사람은 큰일을 이룰 수 없다.

하나님이 일꾼을 선택하시는 기준은 성실한 성품입니다. 하나님은 누구든지 예수님을 믿으면 구원하십니다. 구원을 위한 하나님의 선택은 까다롭지 않습니다. 그러나 중요한 일을 맡길 일꾼을 선택하는 일은 까다롭게 하십니다. 하나님이 일꾼을 선택하실 때 성품을 보시는데 그 중 하나는 성실입니다.

서론

(1) 내가 느끼는 가장 성실한 사람의 모습은 어떤 모습입니까?

(2) 우리가 성실하기 위해 가장 크게 힘쓸 일은 무엇이라고 생각하십니까?

1. 성실함 / 하나님

(1) 신 7:9................................. (2) 시 119:138...

(3) 애 3:19-23............................ (4) 호 6:3...

(5) 히 13:8.................................

예화도우미
미국 콜로라도의 '롱의 봉우리'에는 거대한 나무가 쓰러져 있었다고 합니다. 수령 400년이 넘은 그 나무는 14번이나 벼락을 맞고도 이겨냈고, 수많은 눈사태와 폭풍우를 이겨냈습니다. 그런데 조그마한 딱정벌레들이 이 나무에 기어들어 나무의 속을 갉아 먹음으로써 나무의 거대한 체구를 지탱할 만한 힘을 빼앗기고 말았으며 결국 쓰러지고 만 것입니다. 나무는 거대한 사건과는 투쟁하여 장장 400년이 넘도록 이겨왔지만 딱정벌레들의 습격에는 당하지 못하고 그만 쓰러지고 만 것입니다. 사소한 일 때문에 패망하는 경우를, 가장 단적으로 보여주는 실례입니다. 오늘 우리는 어떤 사소한 일, 즉 대수롭지 못한 일 때문에 커다란 목적을 상실한 것이 아니었는지 생각해 봅니다.

2. 성실한 일꾼 / 다윗(시 78:70-72)

(1) 택하시는 장소 / 70절...

(2) 하나님의 의도 / 71절...

(3) 일꾼의 태도 / 72절..

예화도우미
스펄전은 1800년 대 후반 영국에서 가장 영향력 있는 설교가였습니다. 스펄전이 16세이던 1850년 콜체스터의 한 교회에서 조그만 모임이 있었고, 스펄전은 이 집회에서 복음을 접하고 큰 변화를 겪었습니다. 그런데 이 날은 폭풍우가 몰아치는 날이었습니다. 이날 교회학교의 한 교사는 날씨가 나빠도 교회에 미리가 조금 후에 온 17명을 위해 열정을 다해 복음을 증거 했습니다. 그 결과 스펄전이 회개하고 그리스도를 영접했고 그의 이름은 오늘날까지 교회사에 찬란하게 빛나고 있는 것입니다. '위대한 결실'은 최선의 성실'에서 비롯됩니다. 작은 것이라고 소홀히 할 수 없습니다.

3. 성실한 성품의 복

(1) 요셉 / 창 39:22-23...

(2) 다윗 / 삼상 16:11, 행 13:22...

(3) 다니엘 / 단 1:21, 6:10...

(4)갈렙 / 수 14:7-11..

(5) 목자들 / 눅 2:8-10..

예화도우미

피터 드러커 교수는 96세 생일을 한 주 앞두고 세상을 떠났습니다. 그는 황혼기 없는 인생을 살았습니다. 젊음을 유지하는 비결을 물을 때 그는 이렇게 말했습니다."평생 학습이 마음과 육체를 젊게 만든다."(Lifelong learning makes mind and body young) 우리는 사회적 구조 때문에 나이가 들면 은퇴할 수밖에 없습니다. 그러나 자신의 분야에 탁월한 사람들은 계속해서 가치 있는 일을 할 수 있습니다. 2모작 인생을 살아야 합니다. 하프타임을 지난 후에 후반전을 뛸 수 있는 실력을 쌓아야 합니다. 인생은 짧지만 깁니다.

4. 성실한 성품을 형성할 수 있는 원리를 터득하라   * 최선, 적은, 사람, 습관, 유익, 하나님

(1) (   ) 일에 충성할 때 성실한 사람이 됩니다.

마 25:21 그 주인이 이르되 잘 하였도다 착하고 충성된 종아 네가 (   ) 일에 충성하였으매 내가 많은 것을 네게 맡기리니 네 주인의 즐거움에 참여할 지어다 하고

(2) 보이지 않는 곳에서 충성할 때 성실한 사람이 됩니다.

삼상 16:11 또 사무엘이 이새에게 이르되 네 아들들이 다 여기 있느냐 이새가 이르되 아직 막내가 남았는데 그는 양을 지키나이다 사무엘이 이새에게 이르되 사람을 보내어 그를 데려오라 그가 여기 오기까지는 우리가 식사 자리에 앉지 아니하겠노라

(3) 눈에 띄지 않는 부분까지 (   )을 다할 때 성실한 사람이 됩니다.

골 3:22-23 종들아 모든 일에 육신의 상전들에게 순종하되 사람을 기쁘게 하는 자와 같이 눈가림만 하지 말고 오직 주를 두려워하여 성실한 마음으로 하라 무슨 일을 하든지 마음을 다하여 주께 하듯 하고 사람에게 하듯 하지 말라

탁월함은 섬세함에 있습니다. 섬세함은 작은 차이에 있습니다. 명품은 작은 차이를 내며 남의 눈에 띄지 않는 부분까지도 최선을 다합니다.

(4) 맡겨진 과업은 아무리 힘들어도 완수하는 (   )을 기를 때 성실한 사람이 됩니다.

눅 9:62 예수께서 이르시되 손에 쟁기를 잡고 뒤를 돌아보는 자는 하나님의 나라에 합당하지 아니하니라 하시니라

(5) 성실한 (   )들에게서 성실한 성품을 배울 때 성실한 사람이 됩니다.

(6) 성실하신 (   )에게서 성실한 성품을 배울 수 있습니다.

시 37:3 여호와를 의뢰하고 선을 행하라 땅에 머무는 동안 그의 성실을 먹을거리로 삼을지어다

(7) 성실한 성품이 주는 (   )을 거듭 생각할 때 성실한 사람이 됩니다.

잠 28:10 정직한 자를 악한 길로 유인하는 자는 스스로 자기 함정에 빠져도 성실한 자는 복을 받느니라
우리는 단기적인 유익을 누리는 데 익숙한 사람입니다. 당장 직면한 문제를 급히 해결하려는데 급급하기 때문에 장기적인 안목으로 삶을 투자하는데 인색합니다. 그러나 장기적인 안목을 가지고 성실한 성품으로 투자하는 사람은 정말로 지혜로운 사람입니다.

제24과 **절제** – 그리스도처럼 행동해서(의) –

> * 고전 9:27 – 내가 내 몸을 쳐 복종하게 함은 내가 남에게 전파한 후에 자신이 도리어 버림을 당할까 두려워함이로다 (암송말씀)
>
> * 생 쥐스트 – 나 자신을 지배할 줄 아는 사람이 남을 지배할 수 있다

절제는 질서입니다. 반대는 무질서입니다. 무질서 하면 혼돈이 다가옵니다. 참된 자유란 무절제가 아닙니다. 모든 것을 마음대로 하는 것이 자유가 아닙니다. 그것은 방종입니다. 참된 자유는 성숙한 절제에 있습니다. 성경은 우리가 하나님의 성품에 참예한 자가 되었음을 강조합니다. (벧후 1:4)

서론

(1) 나에게 있어서 가장 화를 내게 되는 상황은 어떤 상황입니까?

(2) 화가 날 때 제일 잘 참는 최선의 방법은 무엇이라고 생각하십니까?

1. 예수님의 절제 / 시기와 상황

(1) 마 4:3-4,6-7,9-10.............................. (2) 막 14:38..

(3) 눅 23:35,39.............................. (4) 요 19:3..

절제는 자아의 죽음이요 참음을 통해서 이루어집니다. 절제는 응집된 힘입니다. 주님은 이 거룩한 힘으로 우리들을 구원하실 수가 있었습니다. 그러므로 모든 절제는 목표가 있어야 합니다.

2. 절제의 의의

(1) 창 3:6 .... (2) 고전 9:25 ....

(3) 딤전 3:2..................................... (4) 딤전 3:11...

(5) 딤후 3:3..................................... (6) 벧후 1:4-6 ....

예화도우미

"적당히 채워라 어떤 그릇에 물을 채우려 할 때 지나치게 채우고자 하면 곧 넘치고 말 것이다. 모든 불행은 스스로 만족할 줄 모르는 데서 비롯된다." 최인호의 상도(商道)에 나오는 한 대목입니다. 계영배(戒盈盃))를 설명하는 대목입니다. 계영배란 과음을 경계하기 위해 만든 잔으로 절주배(節酒盃)라고 하는데, '넘침을 경계하는 잔'이란 술잔의 이름을 의미하듯 인간의 끝없는 욕심을 경계하는 잔입니다. 적당한 절제는 우리에게 유익을 가져다줍니다.

3. 절제의 영역

(1) 생각(요 13:2)

 ① 부정적인 면 / 렘 17:9......................... ② 긍정적인 면 / 잠 4:23.....................

(2) 언어생활

① 구약 / 민 14:27-28.......................... ② 신약 / 눅 6:45..........................

(3) (   ) / 잠 14:30, 16:32................... 극복 / 약 1:19 / 고전13:5....................

그중에서도 가장 조심스럽게 다스려야 하는 것은 시기와 분노입니다. 마음에서 일어나는 시기와 분노를 잘못 다스리면 마음의 평정과 고요함이 깨어집니다.

(4) (   ) / 욥 31:1.......................... 극복 / 시 17:15, 잠 3:21.....................

(5) (   ) / 창 3:6, 25:34...

(6) 정욕(요일 2:16-17)...

(7) (   ) / 시 90:10-12................... 극복 / 골 4:5...............................

4. 절제는 중요한 일에 힘을 집중하는 것입니다.

(1) 절제는 (   )의 비결입니다.

고린도전서 9:25 이기기를 다투는 자마다 모든 일에 (   )하나니 그들은 썩을 승리자의 관을 얻고자 하되 우리는 썩지 아니하는 것을 얻고자 하노라

(2) 절제는 (   )하지 않는 힘입니다.

승리자들의 특징은 힘을 집중할 줄 안다는 것입니다. 힘을 집중하기 위해서는 (   )하지 말아야 합니다. 하나님은 우리 안에 엄청난 가능성과 잠재력을 주셨습니다. 정말로 소중한 것은 이미 우리 안에 이미 존재한다는 것입니다! 하나님은 우리 마음 안에 모든 것을 담아 놓으셨습니다. 교회 역사상 널리 인정되어온 낭비하는 것들은 교만/ 질투/ 분노/ 나태/ 탐욕/ 폭식/ 호색입니다. 그레고리 대제(AD 540-604)는 이 7가지 죄악이 우리 영혼을 통상적으로 파괴한다고 했습니다.

(3) 절제는 (   )에 집중하는 힘입니다.

인간은 (   )를 가지고 살아갈 때 가장 강력하고 강인해 집니다. 운동선수들이나 예술가들에게서 절제를 배울 수 있습니다.

　① 바울 / 고린도전서 9:26-27..

　② 다니엘 / 다니엘 6:10...

탐식을 삼가라 그리하면 육신의 모든 성향을 보다 쉽게 절제하게 될 것이다.(토마스 아 켐피스)

(4) 절제는 자신을 관리하는 힘입니다.

인간은 어느 경지에 이르면 방심하는 경향이 있습니다. 그때 방종하게 됩니다. 그러므로 우리는 평생 동안 자신을 관리하는 일을 소홀히 해서는 안 됩니다. 예수님은 남들의 평판이나 인기에 따라 살지 않았고 비난과 칭찬에도 평정심을 유지하셨습니다. 이는 자신을 잘 관리한 결과였습니다.

요 6:15 / 기적 이후의 예수님의 모습..

묵상도우미
당신은 칭찬을 받는다고 해서 더 거룩해지지 않고, 비난이나 무시를 당한다고 해서 더 악해지지도 않는다. 당신은 그저 당신일 뿐이다. 당신이 어떤 존재인가는 하나님이 아시며, 그보다 더 위대하다고 말할 수는 없다. 항상 훌륭하게 행동 하면서도 자신을 대수롭지 않게 생각하는 것이 곧 겸손한 영혼의 표시다. 다른 피조물에게 위안을 얻으려 하지 않는 것이 위대한 순결과 내적 신뢰의 표시다. 자신을 위한 외적 증거를 구하지 않는 사람은 자신을 하나님께 전적으로 드리는 사람이다. (토마스 아켐피스)

(5) 절제는 (   )과 행복의 비결입니다.

아가서 4:1 내 (   ) 너는 어여쁘고도 어여쁘다 너울 속에 있는 네 눈이 비둘기 같고 네 머리털은 길르앗 산기슭에 누운 무리 염소 같구나

모든 것을 다 드러내는 것만이 사랑이 아닙니다. 오히려 자신을 어느 정도 감출 줄 아는 지혜가 사랑의 지혜입니다. 술람미 여인을 솔로몬이 사랑한 이유는 술람미 여인이 자신을 감출 줄 아는 절제의 미학을 가지고 있었기 때문입니다

> * 잠 3:5 – 너는 마음을 다하여 여호와를 신뢰하고 네 명철을 의지하지 말라 (암송말씀)
>
> * 존 트랩 – 성도는 무릇 가장 어려운 시기에 가장 성도다워야 한다.

신뢰는 소중한 성품입니다. 신뢰를 얻는 것은 쉬운 일이 아닙니다. 신뢰해 달라고 부탁 한다고 해서 신뢰해 주는 것이 아닙니다. 또 신뢰는 한 순간에 이루어지는 것이 아니라 점점 쌓아가는 것입니다. 오랜 기간 동안 씨를 뿌리고 가꾼 결과입니다. 우리는 신뢰를 얻게 될 때 놀라운 승리를 얻게 되는 것을 알게 될 것입니다. 신뢰는 관계 속에서 맺는 성품의 열매입니다. 신뢰는 하나님과 사람과의 관계에서 상호교류를 통해 드러나는 성품입니다. 신뢰는 일방적이 아닙니다. 주고받는 것입니다.

서론

(1) 하나님을 어느 정도까지 신뢰해야 한다고 생각합니까?

(2) 가장 어려운 상황을 만날 때 대개 내가 취하는 행동은 어떤 모습입니까?

1. 신뢰의 근본(사 26:1-3) / 하나님

(1) 구원받은 백성들의 상태(1-2절) ....

(2) 하나님을 의지할 때의 결과(3절) ....

(3) 의지하는 시간과 갚아주는 시간

사 26:4 너희는 여호와를 (   )히 신뢰하라 주 여호와는 (   )한 반석이심이로다

묵상도우미
한국교회의 비참한 현실 중에 하나가 '학습'이란 제도입니다. 세례받기 6개월 전에 행하는 이 제도는 세계에서 오직 한국에만 있습니다. 어느 나라이든지 오늘 예수를 믿겠다면 그날 즉시 세례를 줍니다. 그런데 왜 이런 제도가 한국 교회에서만은 필요한 것입니까? 그것은 한국교인들이 너무나 변덕이 심하기 때문입니다. 믿겠다고 해 놓고는 나오지 않는 사람들이 너무나 많기 때문입니다. 정말 부끄러운 이야기입니다.(곽선희)

2. 말씀의 도움(시 119편) / 신뢰의 때

(1) 9,11절 ....

(2) 28절 ....

(3) 39절 ....

(4) 50,107절 ....

(5) 61절 ....

(6) 78절 ....

(7) 82절 ....

(8) 85절,110절 ....

(9) 109절 ....

(10) 176절 ....

3. 신뢰는 모든 것의 비결입니다.

(1) 신뢰는 (   )의 비결입니다. 인간의 행복은 관계에 달려 있습니다. 관계가 어려워지거나 불편하면 불행한 감정을 갖게 됩니다. 그러므로 행복하려면 관계를 잘 맺혀야 합니다. 관계를 잘 맺는 데 필요한 요소가 신뢰입니다.

(2) 신뢰는 (   )의 비결입니다. 성공의 비결은 관계에 있습니다. 혼자서는 성공할 수 없습니다. 다른 사람들이 도와주어야 성공합니다. 이때 다른 사람들의 도움을 받으려면 관계가 좋아야 합니다. 좋은 관계의 비결이 바로 신뢰입니다.

(3) 신뢰는 (   )의 비결입니다. 승리의 비결도 관계에 있습니다. 혼자서는 전쟁에서 승리할 수 없습니다. 가끔 홀로 전쟁에서 승리 할지 모르지만 지속적인 승리를 위해서는 팀을 형성해야 합니다. 다윗은 하나님과 팀을 이루어 싸웠습니다. (삼하 21:15-22절)

(4) 신뢰는 (   )의 비결입니다. 신뢰를 받으면 사람들이 소중한 것을 맡깁니다. 신뢰를 받으면 물질이 따릅니다. 우리가 누리는 부요는 우리 자신에게서 나온 것이 아니라 누군가가 우리에게 맡긴 것입니다.

4. 신뢰와 사람과의 관계

(1) 광야의 백성들

 ① 좋을 때 / 출 15:1, 21..

 ② 나쁠 때 / 출 15:22-23..

(2) 예수님 당시의 백성들

 ① 좋을 때 / 마 21:9..

 ② 나쁠 때 / 마 27:21-22..

하나님은 인간을 잘 아십니다. 우리가 인생을 조금만 살아보고 인간을 조금만 경험해보면 인간이 정말로 신뢰할 수 없는 존재임을 알게 됩니다. 왜 그럴까요? 누구나 원죄와 죄 성을 못 벗어나기 때문입니다. 그러면 신뢰를 포기해야 할까요? 아닙니다. 다만 인간의 한계를 인정하되 기준을 낮추지는 말아야 된다는 말입니다. 다른 사람들을 대할 때 신뢰의 대상이 아니라 이해의 대상으로, 믿음의 대상이 아니라 사랑의 대상으로 보아야 합니다. 그렇지만 자기 자신은 하나님과 사람들에게 신뢰받는 대상이 되도록 노력해야 합니다.

5. 하나님을 신뢰하는 방법

(1) 대상 / 느 1:5...

(2) 인생 / 시 37:3-5..

(3) 믿음과 행동의 조화 / 에 4:16...

예화도우미

아프리카의 토인들은 예수 믿기가 힘이 듭니다. 왜냐하면, 그들은 일단 예수를 믿기만 하면 그들의 씨족으로부터 떨어져 나와야 하기 때문입니다. 다시 말하면 그들이 예수를 믿는다는 것은 지금까지 몸담고 있던 사회와의 결별을 뜻하며 심지어는 자기 가족들과 헤어져야 한다는 것을 의미합니다. 그러므로 그들은 새로운 사람이 처음 교회에 나왔을 때는 소개하는 정도로 끝나지 않고 예배가 다 끝난 다음에 그를 중심에 놓고 빙빙 돌아가며 환영의 춤을 춥니다. 굉장히 성대하게 환영을 합니다. 그들은 일단 믿기만 하면 절대로 죽을 때까지 변절하지 않기 때문입니다.

6. 신뢰받는 사람이 되는 방법   * 한계, 약속, 지속적, 인정, 열망

(1) 신뢰를 받고 싶은 (　　　　)을 품으라.
하나님은 우리가 싫어하는 것을 주시지 않습니다. 하나님은 우리가 열망하며 간구하는 것을 주십니다. 신뢰받고 싶은 사람이 되고자 하는 소원은 하나님이 보실 때 참으로 좋은 소원입니다.

(2) (　　　　)한 것을 지키라
신뢰란 약속한 것을 유지하는 일입니다. 약속한 것을 지키는 일은 말과 행동이 일치하는 것을 말합니다. 그러므로 우리는 약속을 함부로 해서는 안 됩니다. 부득불 약속을 못 지킬 경우에는 그 상황을 솔직하게 설명하는 것이 좋습니다.

(3) 성실하라

성실한 사람은 일정하고 일관성이 있습니다. 변질되지 않은 인격으로 사람들을 섬기는 것이 성실입니다. 그러나 또한 성실한 사람은 변화와 성숙을 추구하는 사람입니다. 다니엘은 성실한 사람이었습니다. 그런데 놀라운 것은 그가 왕권이 바뀔 때마다 총리 일을 계속 감당했다는 것입니다. 그는 변절하지 않고 변심하지 않았습니다. 그러나 그는 변화를 추구했습니다. 새로운 왕이 들어설 때마다 변화를 추구했고 적응할 줄 알았습니다.

(4) 믿음직스러워야 합니다.

믿음직스러움은 실력에서 옵니다. 일을 맡겼을 때 그것을 감당할 수 있는 실력을 보여줄 때 신뢰가 생깁니다. 어려움에 직면했다고 쉽게 포기하면 신뢰를 얻지 못합니다. 상황을 극복하면서 맡겨진 과업을 완수할 때 신뢰를 얻게 됩니다.

(5) 자신의 (   )를 인정하라.

자신의 한계를 과감히 그리고 정확히 인정하는 것이 지도자에게 필요합니다. 한계를 인정한다는 것은 자신의 분야의 전체를 파악하고 있으며 또한 자신의 재능, 은사, 기질, 열정, 그리고 스타일을 파악하고 있다는 의미입니다. 신뢰란 서로의 한계를 인정하고 서로의 한계를 보완해주는 과정을 통해서 더욱 깊어집니다.

(6) 잘못을 (   )하고 그 잘못을 시정하려고 힘써라.

신뢰란 우리가 완벽해야 얻을 수 있는 것이 아닙니다. 신뢰란 솔직함에 있습니다. 신뢰가 무어지는 것은 우리가 실패하거나 실수해서가 아닙니다. 잘못한 것을 정직하게 인정하지 않을 때 무너지는 것입니다. 정직하게 잘못을 인정하고 그것을 회복하기 위해 대가를 지불 할 때 신뢰는 더욱 깊어집니다.

(7) (   )으로 성장하고 발전하라.

우리가 신뢰하는 지도자는 완벽한 사람이 아닙니다. 계속해서 변화하고 성장하는 지도자입니다.

묵상도우미

배움을 멈추는 순간 가르치는 사람으로서의 가치도 끝이 난다. 자신이 배울 수 없을 때 다른 사람들도 그로부터 더 이상 배울 수 없다. (루즈벨트)

제26과 **내려놓음** – 그리스도처럼 행동해서(의) –

* 마 11:28-30 – 수고하고 무거운 짐 진 자들아 다 내게로 오라 내가 너희를 쉬게 하리라 나는 마음이 온유하고 겸손하니 나의 멍에를 메고 내게 배우라 그리하면 너희 마음이 쉼을 얻으리니 이는 내 멍에는 쉽고 내 짐은 가벼움이라 하시니라 (암송말씀)

* 짐 엘리어트 – 영원한 것을 얻기 위하여 영원하지 못한 것을 버리는 자는 결코 바보가 아니다.

하나님은 사람을 통해 일하십니다. 하나님은 특히 당신 자신을 신뢰하고 잘 맡기는 사람을 통해 일하십니다. 하나님의 일은 맡김을 통해 이루어집니다. 맡김은 먼저 내가 포기하고 내려놓는 것으로부터 시작됩니다. 인간의 한계점은 주님의 출발점입니다.

서론

(1) 내가 하나님께 맡김으로 받았던 은혜는 어떤 것들이 있습니까?

(2) 하나님께 잘 맡기지 못하는 이유는 무엇이라고 생각하십니까?

1. 하나님의 일의 시작

(1) 인간창조 / 창 1:26-27...

(2) 창조의 복 / 창 1:28-31...

(3) 복의 조건 / 창 2:1-3, 출 20:8-10...

인간은 안식함으로 인생의 새 첫날을 시작하게 되었습니다. 하나님과 함께 있는 것이 가장 큰 축복이요 능력이요 사역입니다.

2. 삶의 무거운 짐을 내려놓기 / 개인

(1) 마 11:18-20................................   (2) 잠 16:3.................................

(3) 시 37:5....................................   (4) 벧전 5:7..............................

(5) 히 12:1....................................

3. 사역 나누기 / 서로 서로

갈 6:2 너희가 짐을 (   ) 지라 그리하여 그리스도의 법을 성취하라

(1) 모세와 장로 / 출 18:20-22

① 모세의 일 / 20절..

② 족장들의 일 / 22절...

(2) 엘리야와 엘리사

① 하나님께 부탁받은 일 / 왕상 19:15-16..

② 엘리야가 이룬 일 / 왕상 19:21, 왕하 2:9,15...

엘리야는 3가지 임무를 명하셨지만 엘리야는 그 중에서 엘리사에게 기름 붓는 한 가지 일만 완수했습니다. 그러자 엘리야가 승천한 다음 하나님께서 남은 임무를 엘리사에게 맡기셨습니다. 하나님께서는 엘리야가 그 3가지를 다 할 수 없음을 아시고 그 짐을 다른 사람에게 옮기셨습니다.

(3) 사도와 집사 / 행 6:1-4

① 사도의 일...

② 집사의 일...

4. 참 버림(내려놓음)의 의미

(1) 모범 / 주님의 내려놓음(빌 2:6-8)..

....

(2) 순종 / 바울의 내려놓음(빌 3:7-8)

　① 주님을 위하여 버림(7절)

빌 3:7 그러나 무엇이든지 내게 유익하던 것을 내가 그리스도를 위하여 다 해로 여길뿐더러

　② 가장 소중한 것까지 버림(7절)

빌 3:7 그러나 무엇이든지 내게 유익하던 것을 내가 그리스도를 위하여 다 해로 여길뿐더러

　③ 버린 것에 대한 애착을 갖지 않음(8절)

빌 3:8 또한 모든 것을 해로 여김은 내 주 그리스도 예수를 아는 지식이 (   ) (   ) 하기 때문이라 내가 그를 위하여 모든 것을 잃어버리고 배설물로 여김은 그리스도를 얻고

5. 주님의 역사하심(축복) / 내려놓음 – 버림과 보상

(1)아브라함(창 22:15-18)

　① 버림...................................　② 보상.....................................

(2) 요게벳(출 2:1-10)

　① 버림...................................　② 보상.....................................

(3) 수제자(막 1:16-18)

　① 버림...................................　② 보상.....................................

(4) 제자들(막 10:29-31)

　① 버림...................................　② 보상.....................................

(5) 가난한 과부(막 12:41-44)

　① 버림...................................　② 보상.....................................

(6) 죄 많은 여인(막 14:3-9)

　① 버림...................................　② 보상.....................................

(7) 주님(빌 2:6-11)

　① 버림...................................　② 보상.....................................

제27과 **인내** – 그리스도처럼 행동해서(의) –

* 약 1:4 – 인내를 온전히 이루라 이는 너희로 온전하고 구비하여 조금도 부족함이 없게 하려 함이라 (암송말씀)

* 라 퐁텐(Jean do La Fontaine) – 인내는 모든 문을 연다.

자연의 세계의 모든 것들은 기다림으로 이루어집니다. 계절의 변화, 인생의 출생과 성장은 기다림 속에서 성장이 이루어지고 성숙되어집니다. 인내는 기다림입니다. 기다림은 또한 인내입니다. 영적인 성장과 깊은 은혜의 체험도 인내함으로 이루어집니다. 이런 의미에서 인내의 덕은 성숙한 그리스도인들의 표시입니다.

서론

(1) 한국인에 있어서 잘 참지 못하는 경우는 어떤 경우가 있습니까?

(2) 인내를 통해 좋은 결과를 얻었던 사람들의 이야기를 나누어 봅시다.

1. 인내의 모범 / 그리스도

(1) 히 12:2 ....

(2) 살후 3:5 ....

2. 믿음의 선배들

(1) 아브라함 / 히 6:15 ....

(2) 이삭 / 창 26:20-22 ....

(3) 다윗 / 시 40:1 ....

(4) 욥 / 욥 42:10-17 ....

(5) 시므온 / 눅 2:25 ....

(6) 바울 / 딤후 3:10 ....

(7) 요한 / 계 1:9 ....

3. 인내의 요청

(1) 롬 12:12, 살후 1:4 ....   (2) 갈 6:9 ....

(3) 딤전 1:15-16 ....   (4) 히 12:1-2 ....

(5) 약 5:7-8 ....   (6) 계 2:2-3 ....

(7) 계 14:12 ....

4. 인내를 이루는 것들

(1) 눅 8:15.................................... (2) 고전 13:4-5....................................

(3) 롬 5:3-4, 약 1:3......................... (4) 살후 3:5....................................

5. 인내의 정도

(1) 갈 6:9   * 모든 사람에 대하여

(2) 살전 5:14   * 때가 이르러 거두기까지

(3) 히 10:36   * 하나님의 약속을 받기까지

(4) 약 5:7   * 경건에 이르기까지

(5) 벧후 1:6   * 주의 강림하시기까지

(6) 계 2:19   * 주께서 인정하시기까지

(7) 계 13:10   * 죽기까지

6. 인내의 중요성   *교육, 성취, 본, 성숙, 축복

(1) (   )의 원리
약 1:4 인내를 온전히 이루라 이는 너희로 온전하고 구비하여 조금도 부족함이 없게 하려 함이라

(2) 사랑의 원리
고전 13:4 사랑은 오래 참고 사랑은 온유하며 시기하지 아니하며 사랑은 자랑하지 아니하며 교만하지 아니하며

(3) (　　　　)의 원리

약 5:11 보라 인내하는 자를 우리가 복되다 하나니 너희가 욥의 인내를 들었고 주께서 주신 결말을 보았거니와 주는 가장 자비하시고 긍휼히 여기시는 이시니라

예화도우미

쓰촨성 대지진의 폐허 속에서 36일을 버틴 돼지 한 마리가 중국인들을 흥분시키고 있다. 중국 매체와 누리꾼들은 '기적의 돼지', '저팔계의 부활', '지진을 이긴 돼지', '영웅 돼지'라는 찬사를 쏟아내며, 이 돼지의 경이로운 생명력에 감탄을 금하지 못하고 있다. 지난 17일 펑저우 룽먼산의 한 잔해에서 돼지 한 마리가 발견됐다. 청두군구의 한 공군 병사가 폐허로 변한 집더미를 헤집자 나타난 이 돼지는 오랫동안 음식을 먹지 못한 탓에 몹시 수척해 있었으나, 뒷다리의 자그마한 상처를 빼면 놀라울 정도로 멀쩡했다. 이 기적의 돼지는 곧바로 주인에게 넘겨졌다. 주인은 "돼지가 이렇게 살아 있을 줄은 꿈에도 생각하지 못했다"며 "돼지를 보는 순간 눈물이 왈칵 쏟아졌다"고 말했다. 애초 몸무게가 125kg 정도 나갔던 이 한 살짜리 돼지는 100kg이나 체중이 준 상태였다. 전문가들도 이 돼지의 생명력에 혀를 내둘렀다. 돼지는 보통 하루에 5~6kg의 먹이와 물을 먹는데, 5일 이상 아무 것도 먹지 못하면 대개 죽기 때문이다. 한 수의사는 "돼지가 빗물로 목을 축이고, 자신의 지방을 태워 생명을 유지한 것 같다"고 말했다. 누리꾼들은 돼지 구명운동에 나섰다. 이 돼지가 사람의 밥상에 오른다면, 이는 생명에 대한 모독이라는 주장이 인터넷을 통해 번졌다. 주인은 "돼지에게 먹이를 줄 때 두 눈에서 눈물이 흐르는 것을 봤다"며 "돼지에게도 인성이 있는 것 같았다"고 말했다. 돼지는 청두의 한 박물관에 새 우리를 마련했다. 3,008위안에 이 돼지를 사들인 박물관 관장은 이 돼지에 '꿋꿋한 돼지'라는 뜻의 주젠창'(朱堅强)이란 이름을 붙이고, 돼지가 늙어 자연사할 때까지 보살피겠다고 약속했다. 이 돼지를 검사한 수의사는 적어도 15년은 더 살 것이라고 말했다.

(4) (　　　　)의 원리

롬 5:3-4 다만 이뿐 아니라 우리가 환난 중에도 즐거워하나니 이는 환난은 인내를, 인내는 연단을, 연단은 소망을 이루는 줄 앎이로다

예화도우미

복음주의적 의원인 윌리암 윌버포스는 아프리카 노예무역과 노예제도라고 하는 엄청난 장애물에 대항하여 그 두 가지가 대영제국에서 불법이라는 판결을 얻어 내기 까지 싸웠습니다. 그는 일생

가운데 46년을 이 투쟁에 소진했습니다(1787-1833년). 그 과정 속에서 맛보게 된 패배와 후퇴는 평범한 정치인이었던 그에게 오히려 더 큰 인기를 안겨 주었습니다. 그는 21세에 정계에 진출한 이래 74세까지 한 번도 낙선하지 않았지만 노예무역폐지 운동에서는 1807년 법안이 통과되기까지 11번이나 패배를 맛보아야 했습니다. 그리고 노예제도 자체에 대해서는 1833년, 그가 죽기 3일 전에서야 결정적인 승리를 보게 되었습니다.

(5) (   )의 원리
딤전 1:16 그러나 내가 긍휼을 입은 까닭은 예수 그리스도께서 내게 먼저 일체 오래 참으심을 보이사 후에 주를 믿어 영생 얻는 자들에게 본이 되게 하려 하심이라

(6) 영광의 원리
요 15:8 너희가 열매를 많이 맺으면 내 아버지께서 영광을 받으실 것이요 너희는 내 제자가 되리라

제28과 자비 – 그리스도처럼 행동해서(의) –

* 눅 6:36 – 너희 아버지의 자비로우심 같이 너희도 자비로운 자가 되라 (암송말씀)

* 세익스피어 – 자비처럼 죄인에게 용기를 주는 것은 없다.

동정은 마음으로 불쌍히 여기는 것입니다. 그러나 자비는 동정의 마음을 가지고 행동으로 옮기는 것을 말합니다. 자비가 현실적으로 나타나질 때 우리는 참된 그리스도의 제자로서 인정을 받게 됩니다.

서론

(1) 마음으로 느끼는 것에서 행동으로 우리를 나아가게 못하는 이유는 무엇입니까?

(2) 실천하는 품성을 키우기 위한 좋은 방법은 무엇이 있다고 생각하십니까?

1. 자비의 기원

(1) 하나님의 성품 특성 – 3가지 / 고후 1:3

  ①...................................... ②...................................... ③...................................

(2) 예수님 교훈

  ① 아버지의 온전하심과 같이 너희도 (   ) 하라 (마 5:48)

  ② 내가 너희를 사랑한 것 같이 너희도 (   ) 하라 (요 13:324)

  ③ 아버지의 자비하심같이 너희도 (   ) 하라 (눅 6:36)

(3) 구약의 예 / 하나님

  ① 명령과 이유 / 신 16:12 ...., ...

  ② 대상 / 신 24:19........................., ..., ...

  ③ 보상 / 신 24:19...

(4) 신약의 예 / 예수님(눅 6:35-36)

  ① 명령...

  ② 보상(2가지) ...., ...

  ③ 대상...

  ④ 이유...

2. 자비의 모범(눅 10:25-37) / 선한 사마리아 인 - 이웃의 고통에 참여

(1) 율법사의 질문 / 25절..

(2) 예수님의 대답 / 28절..

(3) 사랑의 본질 / 자비(33-35절)

　① 볼 수 있는 눈 〈이르러 그를 보고〉
　② 불쌍히 여기는 가슴 〈가까이 가서〉
　③ 행동할 수 있는 발 〈기름과 포도주를 그 상처에 붓고〉
　④ 섬길 수 있는 손 〈자기 짐승에 태워 주막으로 데리고 가서 돌보아 주고〉

(4) 예수님의 명령 / 37절..

예화도우미

어떤 청년이 겨울등산을 하다가 눈사태를 만나서 죽게 되었을 때 그곳을 지나던 한 남자에 의해 구조를 받게 되었습니다. 위험한 지역을 빠져나와 안전하게 되었을 때 청년은 자기를 구해준 등산객인 듯한 그 사람에게 이름과 주소를 물어보았습니다. 나중에 다시 만나 고맙다는 인사를 하기 위함이었습니다. 그때 그 사람은 이렇게 말을 했습니다. "내 이름은 알 필요가 없습니다. 성경에 나오는 사마리아 사람은 이름이 없었답니다."

3. 자비를 베푸는 성도의 바른 자세

(1) 잠 3:28..

(2) 마 6:1..

(3) 마 6:2-4..

(4) 마 10:42 ....

(5) 눅 6:35 ....

예화도우미

성프란시스가 하루는 매트 위에서 알몸으로 떨고 있었습니다. "무섭게 추운 날 왜 옷을 벗으셨나요?" "나는 온 세상에서 떨고 있는 형제들이 생각났다오. 나에겐 그들을 따뜻하게 해줄 힘이 없군요. 그래서 그들과 함께 추위를 견디기로 작정했어요." 그리고 동역자에게 이렇게 말을 했습니다. "레오 형제, 가 봐요, 세상을 훑어보세요. 그리고 집집마다 불이 피어 있고 오막살이집에도 모두 피어 있다면 돌아와서 나의 벽난로에도 불을 켜 놓도록 하세요. 세상에 만약 한 사람이라도 떨고 있다면 나는 그와 함께 떨고 있어야 하니까요."

4. 우리의 자비의 대상

(1) 삼상 23:21.. (2) 시 103:13...

(3) 시 109:16.. (4) 잠 12:10..

(5) 잠 14:31, 19:17.................................... (6) 슥 7:9-10..

(7) 눅 10:33... (8) 유 1:22...

(9) 엡4:32, 벧전 3:8................................... (10) 유 1:23...

예화도우미

어떤 분이 차를 타고 가다가 길에서 뺑소니차에 치어 생명이 위독한 사람을 만났습니다. 사람들은 그냥 지나쳤지만 그는 도저히 지나칠 수가 없었습니다. 그래서 가까운 병원 응급실로 데려 갔지만 큰 병원에 가야 한다고 해서 어렵게 큰 병원을 찾아가 환자를 입원시켰습니다. 그리고는 집으로 돌아오는데 자기 집 동네에 큰 불이 났습니다. 알고 보니 자기가 살고 있는 빌라에 불이 붙었습니다. 이 분의 식구들은 천만다행으로 아빠가 늦게 오는 것을 마중하러 나와 있었기에 식구들 모두다 화재에 안전할 수가 있었습니다. 바로 밑에 층에서 가스가 폭발한 대형 사고였습니다. 그 집 주인은 죽었다고 합니다. 그런데 더 놀라운 것은 자기가 입원시킨 환자가 가까스로 그 뺑소니 차량 번호를 기억하였습니다. 그 차량번호를 찾아가 보니 그 가스가 폭발한 집이었다고 합니다. 이는 실화를 주제로 쓴 베스트셀러 〈연탄 길〉이란 책에 나오는 한 내용입니다. 이 사람이 그 환자를 입원시키기 위해 동분서주 하지 않았다면 일찍 귀가해서 바로 밑에 층에서 일어난 가스폭발사고로 죽을 뻔 했을 것입니다. 또한 늦게 귀가하는 아빠를 기다리기 위해 엄마와 아이들이 밖에 나오지도 않았을 것입니다. 긍휼을 베푼 사람은 긍휼의 은혜를 입었습니다. 그러나 뺑소니치고 돌아간 그 사람은 가스폭발 사고의 주인공이 되었습니다. 자비를 베푸는 것은 바로 나를 위한 길입니다.

(제29과 **용서** – 그리스도처럼 행동해서(의) –)

---

* 엡 4:32 – 서로 친절하게 하며 불쌍히 여기며 서로 용서하기를 하나님이 그리스도 안에서 너희를 용서하심과 같이 하라 (암송말씀)

* 알란 패턴 – 한 가지 변함없는 법칙이 있다. 우리가 깊은 상처를 입었을 때, 용서하지 않는 한 어떤 치유도 없다는 것이다.

그리스도인은 아버지 하나님의 말할 수 없는 용서하심과 큰 사랑으로 하나님의 자녀가 된 사람을 말합니다. 그러므로 그리스도인들은 크게 두 가지를 잊지 않고 사는 사람을 말합니다. 첫째로는 하나님의 무한한 용서의 사랑에 감사하는 것이요 둘째는 이 놀라운 사랑을 이웃들에게 실천하는 것입니다.

서론

(1) 최근에 겪었던 가장 용서할 수 없는 상황은 어떤 상황입니까?

(2) 용서를 실천하기 어려운 이유는 무엇이라고 생각합니까?

1. 용서와 주님의 교훈

(1) 마 6:14 ....

(2) 마 18:34-35 ....

(3) 막 11:25 ....

(4) 눅 23:34 ....

(5) 고후 2:10-11 ....

(6) 요일 4:20 ....

묵상도우미

남의 잘못에 관용하라. 다른 사람이 오늘 저지른 잘못은 어제의 내 잘못이었던 것을 생각하라. 잘못이 없는 사람은 하나도 없다. 완전하지 못한 것이 사람이라는 점을 생각하고 진정으로 대해주지 않으면 안 된다. 우리는 어디까지나 정의를 받아들여야 하지만 정의로만 재판을 한다면 우리들 중에 단 한 사람도 구함을 얻지 못할 것이다.(셰익스피어)

2. 하나님의 용서의 표현들

(1) 욥 7:21 ....

(2) 시 85:2 ....

(3) 사 43:25 ....

(4) 사 44:22 ....

(5) 미 7:19 ....

(6) 히 8:12..

3. 하나님의 마음 / 눅 15장:20-24

(1) 용서의 시기 / 20절..

(2) 용서의 행동 / 22-23절...

(3) 용서이후의 마음 / 24절..

묵상도우미
우리가 다른 사람을 용서하는 것으로 우리 자신을 용서하는 결과를 얻지는 못할 것이다. 그러나 우리가 다른 사람의 죄를 용서하지 않는 한 우리 자신도 용서받지 못했다는 사실을 입증해 준다. (존 오웬)

4. 그리스도의 용서(눅 23:34) / 십자가 위에서

(1) 이해하는 마음

(2) 원수 사랑하라 한 말씀을 몸소 실천

(3) 죄인에게 가장 절실한 필요를 충족

(4) 말로만이 아닌 행동으로 피를 흘리심

(5) 십자가에서 드린 첫 번째 기도

묵상도우미
잘못을 기억하고 있는 동안에는 그 잘못을 용서한 것이 아니다. 잊지 않는 한 용서한 것이 아니다.(존 트랩)

5. 용서의 수준 / 성도(실천)

(1) 마 18:22, 눅 17:4...

(2) 롬 12:20...

(3) 골 2:13...

(4) 골 3:13...

(5) 벧전 4:8..

예화도우미

영국의 런던의 침례교 목사인 찰스 스펄전에게는 〈예수님께 나아오라〉는 책을 쓴 뉴먼 홀이라는 설교가 친구가 있었습니다. 다른 설교가가 홀을 조롱하는 기사를 내자, 홀은 잠시 동안 참다가 그 기사가 사람들의 공감을 얻어가자 그는 항의 편지를 썼습니다. 그의 편지는 그를 공격하는 기사를 능가하는 앙갚음조의 독설로 가득 차 있었습니다. 편지를 보내기 전에 홀은 스펄전 목사님에게 그 것을 가져와 의견을 구했습니다. 편지를 다 읽고나서 스펄전 목사님은 그것을 돌려주며 "훌륭하군요. 그렇지만 한 가지 잊어버린 것이 있으시군요. 마지막 서명하시기 전에 '예수님께로부터 온 사람'이라고도 적으셔야죠."라고 했습니다. 이 두 하나님의 사람들은 잠시 서로를 쳐다보았습니다. 그리고 홀은 그 편지를 찢어버렸습니다.

6. 믿음의 선배들

(1) 요셉1 / 창 47:11-12, 50:20-21..

(2) 다윗 / 삼하 9:13...

(3) 요셉2 / 마 1:24..

(4) 스데반 / 행 7:60...

(5) 바울 / 딤후 4:16...

(제30과 **책임감** – 그리스도처럼 행동해서(의) –)

* 요 10:11 – 나는 선한 목자라 선한 목자는 양들을 위하여 목숨을 버리거니와 (암송말씀)

* 미상 – 특권과 책임은 동전의 안팎이다.

그리스도인들은 주님의 피로 구속을 받고 새 사람이 되었습니다. 그러나 그 이후의 삶은 구원받은 삶 못지않게 중요합니다. 그것은 책임감 있는 삶을 살아가는 것입니다. 책임감을 가지고 살아가게 될 때 우리는 우리 몸으로 주님께 영광을 돌리는 성도가 될 것입니다.

서론

(1) 우리나라 사람들의 책임의식은 어떤 수준이라고 생각합니까?

(2) 책임의식을 높이기 위해 우리가 힘써야 할 것들은 무엇이라고 생각하십니까?

1. 모범 / 하나님(선한 목자)

주님은 우리의 선한 목자가 되십니다. 선한 목자는 강한 책임감이 있습니다. 그것은 목자가 기르고 있는 양에 대해서 책임을 지신다는 것입니다. 선한 목자는 그의 양에 대하여 올 인(All In)하는 목자입니다.

(1) 양의 먹을 것을 책임

효과 / 요6:35...

(2) 마실 것을 책임

　① 시 23:2 / 장소.............................　② 요 7:37-38 / 효과...........................

　③ 요 4:13-14 / 차이...........................

(3) 무거운 짐을 대신 책임

　① 마 11:28 / 범위 1 ....　② 벧전 5:7 / 범위 2...........................

　③ 시 55:22 / 효과...........................

짐을 대신 담당해 주려면 능력이 있어야 하고 사랑이 있어야 합니다. 사랑이 없으면 남의 짐을 대신 담당해 줄 수 없습니다. 사랑이 있어도 능력이 없으면 짐을 대신 담당해 줄 수 없습니다. 사랑도 있고 능력도 있는 한 분이 계십니다. 예수님이십니다. 예수님은 우리 하나님이십니다.

"기도는 만능의 갑옷이요, 값이 떨어지지 않는 보물이요, 고갈되지 않은 광산이요, 구름으로도 흐려지지 않는 창공이요, 폭풍으로도 구겨지지 않는 하늘이다. 이것은 나의 믿음의 뿌리요, 지반이요, 한량없는 축복의 어머니이다."(크리소스톰)

2. 성도의 실천 / 가장 큰 계명의 삶

하나님은 우리를 책임지십니다. 책임을 지시되 영원히 완벽하게 책임을 져 주십니다. 우리 성도들은 하나님의 품성을 본받아 책임을 지는 삶을 살아가야 합니다.

함께 나누기
하나님의 책임지심에 대한 은혜를 나누어 봅시다.

눅 10:27 대답하여 이르되 네 마음을 다하며 목숨을 다하며 힘을 다하며 뜻을 다하여 주 너의 하나님을 사랑하고 또한 네 이웃을 네 자신 같이 사랑하라 하였나이다

(1) 신앙적 책임/ 하나님에 대하여

　① 눅 10:27상 / 정도..

　② 고전 6:20 / 도구..

　③ 엡 5:10 / 시험..

　④ 빌 1:20 / 상태..

　⑤ 딤후 4:7 / 방법..

인생의 성공여부는 우선순위에 있습니다. 인생이 가장 앞세워야 할 우선순위는 하나님 사랑입니다. 하나님은 우리에게 사랑의 증거를 요구하십니다. 시간으로는 주일성수요(계 1:10), 물질로는 십일조요(말 3:10), 사람으로는 어린 소자입니다(마 25:40).

(2) 사회적 책임 / 이웃에 대하여

　① 마 19:19 / 대상..

　② 막 10:44 / 범위..

　③ 요 13:34 / 정도..

④ 갈 5:13 / 대상...

⑤ 엡 5:2 / 모범...

보수주의계통은 수직적 하나님과의 관계를 말합니다. 진보적 계통은 사회적 구원에 집중되어 있습니다. 그러나 복음주의는 둘을 다 강조합니다. 예수님은 변화 산에서 영원히 있으려 하는 베드로를 데리고 문제 많은 세상에 다시 내려왔습니다. 우리는 한 손에 성경을 한 손에 신문을 들어야 합니다.

함께 나누기
나는 변질된 하나님의 세계 회복에 대하여 어떤 관심을 가지고 있습니까?
(예: 환경오염, 지구 온난화........)

(3) 윤리적 책임 / 자신에 대하여

① 롬 13:13 / 7가지...

② 고전 6:15 / 그리스도와의 관계...

③ 고후 11:2 / 비유..

④ 엡 5:27 / 영광스런 교회 모습...

⑤ 계 14:4 / 소속...

니골라 당은 육체는 하나님을 섬기는데 관계가 없다고 했습니다(계 2:15). 구원은 영이 구원받았으니 육체는 더러운 것이요 마음대로 해도 된다는 아주 위험한 생각을 가지고 있었습니다. 우리 몸은 그리스도의 그 날 까지 우리가 온전히 간수해야 합니다(살전 5:23). 가장 큰 이유는 성령과 우리의 인격을 담고 있는 아름다운 그릇이 되기 때문입니다(고전 6:19).

(제31과 **나눔** – 그리스도처럼 행동해서(의) –)

* 눅 6:38 – 주라 그리하면 너희에게 줄 것이니 곧 후히 되어 누르고 흔들어 넘치도록 하여 너희에게 안겨 주리라 너희가 헤아리는 그 헤아림으로 너희도 헤아림을 도로 받을 것이니라 (암송말씀)

* 미상 – 우리가 무엇을 줄 때 하나님을 닮는다.

우리가 행복을 느낄 때는 누군가에게 사랑을 베풀 때입니다. 우리는 우리의 소중한 것을 나눌 때 행복을 경험하게 됩니다. 주님께서는 주는 것이 받는 것보다 더 복이 있다고 가르쳐 주셨습니다. 현대인의 부족은 저축을 적게 해서가 아니라 많이 주지 않기 때문입니다. 주면 새로워지고 생명이 가득하게 넘치게 됩니다. 갈릴리 바다는 받고 나누어 줍니다. 사해바다는 받고 나가는 것이 없습니다. 선택은 자유이지만 결과는 판이하게 다릅니다. 갈릴리 바다는 생명과 어족이 풍부합니다. 그러나 사해바다는 죽음의 바다가 되었습니다.

서론

(1) 공산주의인 북한과 같은 어려운 나라를 돕는 문제에 대해 어떻게 생각하십니까?

(2) 최근에 영적 정신적 물질적으로 나눔으로서 얻는 유익은 어떤 것들이 있었습니까?

1. (　　　)(엡 1:3-14) / **하나님**

행 20:35 범사에 여러분에게 (　　　)을 보여준 바와 같이 수고하여 약한 사람들을 돕고 또 주 예수께서 친히 말씀하신 바 주는 것이 받는 것보다 복이 있다 하심을 기억하여야 할지니라

(1) 성부(엡 1:3-6)...

(2) 성자(엡 1:7-12)..

(3) 성령(엡 1:13-14)...

2. 시작 / 은혜 받음

(1) 아브라함이 하나님을 만났을 때 먼저 한 일은 하나님의 복을 마음껏 받는 일이었습니다.

어떤 복을 받았는가를 적어봅시다. 창 12:2-3...

....

(2) 요한의 증거/ 받는 것을 잘 해야 합니다. 받는 것을 잘 해야 주는 것을 잘 합니다. 하나님의 은혜가 아닌 자신의 것으로만 나누려고 하면 힘이 듭니다.

요 1:16 우리가 다 그의 충만한 데서 (　　　) 은혜 위에 은혜러라

(3) 누가의 증거 / 제자들의 기다림

① **눅 24:49** 볼지어다 내가 내 아버지께서 약속하신 것을 너희에게 보내리니 너희는 위로부터 능력으로 (　　　) 때까지 이 성에 머물라 하시니라

② **행 2:4** 그들이 다 성령의 충만함을 (　　　) 성령이 말하게 하심을 따라 다른 언어들로 말하기를 시작하니라

(4) (   )도 받아야 합니다. 많은 (   )를 받아야 (   )를 베풀 수 있습니다.

눅 7:47 이러므로 내가 네게 말하노니 그의 많은 죄가 사하여졌도다 이는 그의 사랑함이 많음이라 사함을 받은 일이 (   ) 자는 (   ) 사랑하느니라

예화도우미

예전 독일이 통일되기 전의 일입니다. 베를린 시가 동서로 나뉘어 있을 때 동 베를린 주민들은 여러 경로로 서 베를린 주민들의 생활상을 알고 있었습니다. 장벽하나를 두고 있었지만 도시의 분위기는 하늘과 땅의 차이가 있었습니다. 한편으로 부럽기도 하고 다른 한편으로는 시샘이 나기도 하고 질투와 증오심이 생기기도 했습니다. 마음이 상했던 동 베를린 시민 중의 일부가 트럭에 쓰레기를 가득 싣고 서 베를린 쪽 장벽 근처에 쏟아버렸습니다. 한 두 차례 하고 말겠거니 했지만 이 이상한 쓰레기 투기는 계속되었습니다. 서 베를린 주님들은 고심을 거듭하다가 자기들도 트럭에 각종 통조림을 가득 싣고 가서 동 베를린 인근지역에 쏟아놓고 돌아왔습니다. 그리고 그 곳에 팻말 하나를 세웠습니다. 〈사람은 가진 것을 나누게 됩니다.〉

3. 하나님의 풍성의 법칙

예화도우미

데일 카네기는 사람들에게서 가능성을 찾아내는 특별한 기술을 갖고 있는 사람입니다. 하루는 한 신문기자에게 데일 카네기를 찾아와서 물었습니다. "백만장자를 43명이나 채용할 수 있는 비결이 무엇입니까?" 이 질문에 "나는 백만장자를 채용한 적이 없습니다. 그들이 우리 회사에서 일하면서 백만장자가 되었습니다."

(1) 황금률

눅 6:38 (   ) 그리하면 너희에게 줄 것이니 곧 (   ) 되어 (   ) (   ) (   ) 하여 너희에게 (   ) 주리라 너희가 헤아리는 그 헤아림으로 너희도 헤아림을 도로 받을 것이니라

(2) 주는 종류 / 눅 6:35-37

 ① 주어야 할 것들..

② 주지 말아야 할 것...

(3) 주는 것 보다 더 많이 받음

① 요나단 / 삼상 18:3, 삼하 9:7,11   준 것.......................... 받은 것..................

② 룻 / 룻 1:16-17,2:3, 마 1:5-6   준 것.......................... 받은 것..................

③ 사렙다 과부 / 왕상 17:10-16   준 것.......................... 받은 것..................

④ 구레네 시몬 / 마 27:32, 롬 16:13   준 것.......................... 받은 것..................

⑤ 죄 많은 여인 / 막 14:3,8-9절   준 것.......................... 받은 것..................

⑥ 과부 / 눅 21:3-4   준 것.......................... 받은 것..................

⑦ 한 아이 / 요 6:9,11,13   준 것.......................... 받은 것..................

4. 나눔의 정신

고후 9:7 각각 그 마음에 (   ) 대로 할 것이요 (   )함으로나 (   )로 하지 말지니 하나님은 (   ) 내는 자를 (   )하시느니라

예화도우미

2차 세계대전 직후 유럽은 엉망이 된 전쟁의 잔해들을 손대기 시작했습니다. 많은 나라가 전쟁으로 폐허가 되었습니다. 그러나 그중에서도 가장 안 된 것은 전화의 도시에서 배를 움켜쥐고 우는 전쟁고아들이었습니다. 어느 추운 겨울 날 아침, 한 미군 병사가 런던의 군 기지로 돌아오는 길이었습니다. 지프를 몰고 길모퉁이를 막 돌아서 나왔을 때, 한 어린애가 빵 가게 창문에 코를 대고 있는 것이 보였습니다. 안에서는 맛있는 도넛을 만들기 위해 반죽을 하고 있었습니다. 굶주린 소

년은 말없이 일거수일투족을 지켜보며 서 있었습니다. 병사는 길가에 차를 세워놓고 내려 소년의 곁으로 갔습니다. "꼬마야 저거 먹고 싶니?" "아, 네...네" 병사는 안으로 들어가 도넛 열 개를 사가지고 봉지에 담아 소년에게 주었습니다. "여기 있다" 그리고 돌아서려는데 꼬마가 갑자기 미군 병사의 옷을 잡아 당겼습니다. 그리고 나지막하게 묻는 것이었습니다. "아저씨……… 하나님이시죠?" 우리가 무엇을 줄 때 하나님을 닮게 됩니다. (그리스도를 본받는 생활, 찰스 스윈돌)

(제32과 **인자함** – 그리스도처럼 행동해서(의) –)

> * 잠언 20:28 – 인자와 진리로 스스로 보호하고 그의 왕위도 인자함으로 말미암아 견고하니라 (암송말씀)
>
> * 서양속담 – 벌을 잡을 수 있는 것은 꿀이지 식초가 아니다.

인자하다는 것은 사랑스럽고 친절하다는 뜻입니다. 인자함은 부드러우나 거대한 힘입니다. 인자함은 따뜻한 바람과 같습니다. 봄바람과 같이 부드럽습니다. 봄바람은 여름 태양처럼 강력하지 않고 봄바람은 여름 태풍처럼 거세지도 않습니다. 그러나 봄바람은 만물을 소생시키고 풍부를 불러오는 조용하고 따뜻한 힘입니다. 인자는 부드럽지만 거대한 힘입니다. 인자하면 풍성한 열매를 맺습니다. 인자함은 우주의 공통언어입니다. 우리에게 행복을 가져다줍니다. 인자함은 성숙함의 표시입니다. 성숙한 그리스도인들은 인자함을 통해 행복을 누리게 됩니다.

서론

(1) 한국인의 친절의 정도는 어느 정도라고 생각합니까?

(2) 친절의 도를 높이기 위해 우리가 힘써야 할 일들은 무엇이 있다고 생각하십니까?

1. 하나님의 성품(적용)

(1) 출 34:6-7.. (2) 민 14:18..

(3) 시편 21:7.. (4) 시편 62:12..

(5) 렘 31:3.. (6) 눅 6:35..

(7) 롬 2:4 ....

함께 나누기
하나님이 가장 포근하게 느껴질 때는 언제 입니까?

2. 인자하신 주님의 선택 / 연약함을 사랑

(1) 마 9:12 / 건강한 자보다 병든 자

(2) 마 10:42 / (   )보다 (   )

(3) 마 11:25 / (   )있는 자들보다 (   ) (고전 1:27 참조)

(4) 마 18:3 / (   )들보다 (   )

(5) 막 2:17 / (   ) 보다 죄인

(6) 고전 1:27 / (   ) 있는 자보다 (   )한 자

(7) 고전 1:28 / (   )보다 (   )

3. 친절함의 특성 / 수넴 여인(왕하 4장)

(1) 능동적
왕하 4:8상 하루는 엘리사가 수넴에 이르렀더니 거기에 한 귀한 여인이 그를 (   )하여 음식을 먹게 하였으므로

(2) 사람을 머물게 하는 능력
왕하 4:8하 하루는 엘리사가 수넴에 이르렀더니 거기에 한 귀한 여인이 그를 간권하여 음식을 먹게 하였으므로 엘리사가 그 곳을 (   ) 음식을 먹으러 그리로 들어갔더라

(3) 상대방의 가치를 알아주는 것

① 인정 / 왕하 4:9...................................... ② 무시 / 왕하 2:23-24......................

(4) 사람들의 필요를 세밀히 채워줌

① 준비 / 왕하 4:10-11.............................. ② 칭찬 / 왕하 4:13..........................

(5)친절의 양이 찰 때 풍성한 축복이 임합니다.

① 시기 / 왕하 4:11-12 (   ) 엘리사가 거기 이르러 그 방에 들어가서 누웠더니 자기 사환 게하시에게 이르되 이 수넴 여인을 불러오라 곧 부르매 여인이 그 앞에 선지라

②친절의 순수한 동기

왕하 4:13하 내가 너를 위하여 무엇을 하랴 왕에게나 사령관에게 무슨 구할 것이 있느냐 하니 여인이 이르되 나는 (   ) 중에 거주하나이다 하니라

나는 (   ) 중에 거주하나이다 라는 말은 〈무슨 보답을 바라는 것이 없습니다. 백성들과 더불어 사는 것으로 만족합니다.〉란 뜻입니다. 목적을 가진 친절도 있습니다. 그러나 감동을 주는 친절은 순수한 친절입니다.

4. 친절함의 축복

(1) 왕하 4:14-17..

(2) 왕하 4:32-37..

(3) 왕하 8:1-6..

예화도우미

한적한 시골 마을 호수에 런던에서 온 귀족의 아들이 물에 빠져 허우적거리며 살려달라고 소리쳤습니다. 마침 그곳을 지나가던 한 농부의 아들이 그를 살려주었는데 이것을 인연으로 두 사람은 친구가 되었습니다. 그들은 편지를 주고받으며 우정을 키워 나가다가 초등학교를 마치고 열세 살이 된 어느 날 오랜 만에 만나 대화를 나누었습니다. "넌 커서 뭐가 되고 싶어?" 귀족 아들의 질문에 시골아이가 대답했습니다. "의사가 되고 싶은데…. 우리 집은 가난하고 형제들도 아홉 명 이나 있어 그래서 집을 도와야 해, 둘째 형이 안과 의사이긴 하지만 아직 학비를 대줄 형편이 못되거든." 집으로 돌아간 귀족의 아들은 아버지를 졸라 친구를 런던에 가서 공부하도록 도와주었습니다. 시골 소년은 런던에서 열심히 공부해서 마침내 훌륭한 의사가 되었고 그는 1945년 신비의 약 페니실린을 발견해서 노벨 의학상을 받았습니다. 그는 플레밍 박사입니다. 플레밍을 도와준 귀족 소년도 나중에 유명한 정치가가 되었는데 그는 바로 윈스턴 처칠입니다. 그는 얼마 안 있어서 수상이 되어 나라를 위해 일하다가 나중에 폐렴에 걸렸습니다. 이때 친구 플레밍이 만든 페니실린이 급송되어 생명을 건질 수가 있었습니다. 시골소년은 2번 처칠을 살렸습니다. 어린 시절 우연히 맺혀진 우정이 평생 지속되면서 이들의 인생에 큰 영향을 준 것입니다.

5. 친절의 실천하는 방법   * 언어, 예절, 눈빛, 미소

(1) 따스한 (   ) / 친절을 가장 먼저 느낄 수 있는 것은 눈빛입니다. 우리는 처음 만나는 사람의 외모를 봅니다. 외모 가운데 가장 먼저 만나는 것은 눈입니다.

(2) 따스한 (   ) / "웃음은 주는 사람을 가난하게 하지 않으면서 받는 사람을 부유하게 해준다."(G 블룸)

(3) 따뜻한 (   ) / "칭찬은 상대방의 잘한 것을 잘했다고 말해주는 것이다. 칭찬은 좋은 점을 좋다고 이야기해 주는 것이다. 칭찬은 있는 것을 있다고 언급해 주는 것이다." (장경철)

(4) 정중한 (   )로 친절을 베풀라 / "사소한 것들을 대수롭지 않게 지나친 결과 크나큰 실패를 초래할 수 있다. 못 하나가 모자라면 말굽을 잃을 수 있고, 말굽이 시원찮으면 말이 못쓰게 될 수 있고, 말에 문제가 있으면 그 말을 탄 사람이 목숨을 잃을 수 있다." (벤저민 플랭클린)

(제33과 **섬김** – 그리스도처럼 행동해서(의) –)

> * 마 25:40 – 내가 진실로 너희에게 이르노니 너희가 여기 내 형제 중에 지극히 작은 자 하나 에게 한 것이 곧 내게 한 것이니라 (암송말씀)
>
> * 마더 테레사 – 나는 큰일을 하지 않는다. 나는 작은 일을 큰 사랑으로 한다.

주님은 이 땅에 섬기러 오셨습니다. 주님은 하나님의 아들이십니다. 마땅히 섬김을 받아야 할 분임에도 불구하고 이 땅위의 모든 삶은 섬김의 삶으로 점철되었습니다. 주님은 섬김의 모범을 보이심으로 우리가 섬김의 길을 가기를 원하십니다. 또한 섬김의 길을 가게 될 때 제자가 된다고 했습니다. 섬김은 우리가 주님께 인정받고 주님을 따라가는데 가장 필요한 품성 중에 하나입니다.

서론

(1) 내가 남을 섬기기 가장 어려운 때는 어떤 상황입니까?

(2) 섬기면 왜 또는 어떤 경로로 높임을 받는다고 생각하십니까?

1. 은혜를 베푸시는 목적

(1) 빌 1:29..

(2) 현실적인 목적 / 빌2:2-4...

....

우리는 주를 위한 고난이란 말을 너무나 신앙의 큰 주제로만 연관시켜 생각하는 경향이 있습니다. 예를 들어 순교하는 장면이나 감옥에 가는 것 같은 큰 고난을 생각합니다. 그러나 바울은 우리가 받는 고난이 지극히 현실적이고 실제적인 삶과 매우 가까운 문제임을 깨eke게 합니다. 즉 나날의 순교자적인 삶을 말합니다.

2. 그리스도의 섬김의 특징

(1) 마 20:28 / 자신을 많은 사람의 (   )로 주심

(2) 마 27:27-30, 40-43 / 고통과 수치를 참으심

(3) 요 15:13 / 이 세상에서 볼 수 없는 가장 큰 (   )을 보이심

(4) 롬 5:10 / 하나님과 사람을 (   )케 하심

(5) 갈 1:4 / 택한 백성들의 죄를 위해 스스로 (   )을 바치심

(6) 빌 2:6-8 / (   )의 형체를 가지심

(7) 히 10:14 / 성도들로 하여금 (   )하고 (   )하게 하심

모든 사람이 당신을 딛고 갈 수 있도록 그리고 길의 흙을 밟듯이 당신을 밟을 수 있도록.... 복종하라. (토마스 아 켐피스)

3. 섬김의 의미

(1) 구원 / 마 26:10-13 ....

(2) 태도 / 딤전 1:15 ....

(3) 포로 / 빌 3:12 ....

(4) 노예 / 롬 1:1 ....

예화도우미

성자로 불리는 한 사람이 북 아프리카에 살고 있었습니다. 로마의 수도사가 그를 만나보고 싶어서 기나긴 여행을 떠났습니다. 마침내 성자가 살고 있는 곳을 물어 찾아 갔습니다. 성자를 만난 수도사는 깜짝 놀랐습니다. 나이 많은 성자는 기도나 금식하지 않고 길거리에서 남의 구두를 수선하고 있었기 때문입니다. 로마에서 온 수도사는 의아하게 생각하며 물었습니다. "당신이 성자가 된 비결은 무엇입니까?" 정색을 하면서 늙은 성자는 "저도 잘 모릅니다. 다만 내가 한 것은 구두를 수선한 것 밖에 없지요 나는 손님이 내게 맡긴 구두를 맡기고 가면 예수님 구두라고 생각하면서 마음과 정성을 다해서 수선을 하죠. 그 이외에는 아무것도 한 일이 없습니다. 그런데 나를 성자라고 부르더군요." 거룩함과 속됨이 있을까요? 거룩한 신분, 속된 신분이 따로 있을까요? 그가 누구든, 어떤 직업을 가졌든, 사람에 대해 진실하고 자신의 일에 대해 최선을 다하는 것이 존귀한 것입니다. 많이 가진 높은 신분의 사람일지라도 사람에 대해 거짓되고 최선을 다하지 않는 사람은 천한 삶을 사는 것입니다. 사람에 대해 진실하고 하루하루 최선을 다하며 무슨 일을 하든지 주께 하듯 살아가는 사람은 거룩한 성자의 삶을 이루는 것입니다.

4. 섬김의 훈련

(1) 작은 섬김 / 큰 섬김은 영광스럽습니다. 그러나 작은 섬김은 어렵습니다. 작은 섬김은 잘 드러나지 않기에 작은 섬김을 실천하는 것이 더 힘이 듭니다. 순교보다 힘든 것이 섬김입니다.

마 25:40 내가 진실로 너희에게 이르노니 너희가 여기 내 형제 중에 지극히 작은 자 하나에게 한 것이 곧 내게 한 것이니라

작은 일은 작은 일이다. 하지만 작은 일에 신실한 것은 큰일이다. (허드슨 테일러)

(2) 은밀한 섬김 / 우리는 눈에 드러난 섬김은 선호하지만 은밀한 섬김은 피하려고 합니다. 그러나 하나님은 은밀한 섬김에 더 큰 상을 예비하십니다.

마 6:3-4 너는 구제할 때에 오른손이 하는 것을 왼손이 모르게 하여 네 구제함을 은밀하게 하라 은밀한 중에 보시는 너의 아버지께서 갚으시리라

(3) 평범한 것을 반복해서 섬김 / 우리는 특별한 일을 하고 싶어 합니다 그러나 참으로 훌륭한 것은 지극히 평범한 것입니다. 평범한 것을 반복해서 하는 것입니다. 반복되는 평범한 일을 탁월하게 하는 것입니다. 마치 밥을 짓는 여인이 날마다 정성을 다해 밥을 짓는 것과 같습니다. 지극히 평범한 것을 주님께 하듯 훈련하십시오.

단 6:10..

묵상 도우미

모든 생산품을 과거에 만들어진 어떤 것보다 더 낫게 만들라. 눈에 보이지 않는 부품을 만들 때도 보이는 부품을 만들 듯이 하라. 가장 일상적인 물건을 만들 때에도 최상의 재료만을 사용하라. 당신이 가장 큰 것에 주의를 기울이는 만큼 똑같이 작은 것에도 주의를 기울이라. 당신이 만드는 모든 물건이 영구적인 것이 되도록 디자인하라. (쉐이커, 가구 회사의 철학)

5. 섬김의 축복

(1) 마 5:19............................ (2) 마 25:23 ....

(3) 요 12:26............................ (4) 요 13:34-35............................

(5) 롬 14:18............................ (6) 고전 3:7-8............................

그리스도인의 품성이란

5. 그리스도처럼 풍성한 삶을 사는 것을 말합니다.

제34과 동심의 세계 – 그리스도처럼 풍성한 삶을 사는 것 –

* 막 10:14 – 예수께서 보시고 노하시어 이르시되 어린 아이들이 내게 오는 것을 용납하고 금하지 말라 하나님의 나라가 이런 자의 것이니라 (암송말씀)

* 스탠리 쿤츠 – 아이들을 저버리는 사람은 시를 쓰기엔 너무 늦어 버렸다.

어린이는 보배입니다. 가정과 사회의 보배이기도 하지만 특히 교회의 보배요 하나님 나라의 보배입니다. 예수님은 어린이들을 특히 사랑하셨습니다. 어린이 자체도 사랑하셨지만 특히 어린이가 가지고 있는 하나님 나라 품성을 높이 평가하셨습니다. 그리고 이를 통해 하나님 나라를 설명하셨습니다.

서론

(1) 생각나는 가장 어렸을 때 / 가장 오래된 경험은 무엇입니까?

(2) 어렸을 때 가장 행복했던 순간은 무엇이었습니까?

1. 천국에서 가장 귀한 것 3가지

(1) 한 (　　　　　) / 아흔아홉 마리 보다(눅 19:10)

(2) 한 (　　　　　) / 죄 없다고 교만한 사람들보다(마 9:13, 눅 18:14)

(3) 한 (　　　　　) / 이기적인 생각의 어른보다(마 18:1-3)

사소한 것처럼 보이지만 우리는 어린아이들을 무시하기 쉽습니다. 교회생활을 연구하는 학자들은 어린이 전도보다 더 쉬운 전도방법은 없다고 합니다. 예수님은 '어린이가 내게 오는 것을 막지 말라'고 하셨습니다.

2. 주님과 어린이 / 마 18:2-5

(1) 대상 / 2절..................................... (2) 목표 / 3절.....................................

(3) 방법 / 4절..................................... (4) 인정 / 5절.....................................

즐거운 신앙생활

어느 집에 세 아들이 있었습니다. 어느 날 집에서 불이 났습니다. 마음이 급한 아버지는 아들들을 부르며 말했습니다. "아들들아, 불이 났다! 119 전화번호가 몇 번이냐?" 이 말을 들은 큰 아들이 말했습니다. "아버지 114에 전화 걸어보면 금방 알아요."

3. 어린이의 특징 / 긍정적인 면   *수용성, 축복성, 능력성, 교제성, 친교성, 은혜성, 가능성

(1) 주께서 함께 하심(　　　　　)
삼상 3:19 사무엘이 자라매 여호와께서 그와 함께 계셔서 그의 말이 하나도 땅에 떨어지지 않게 하시니

(2) 어버이를 기쁘게 함(　　　　　) 어린아이는 가정의 부배입니다.

잠 10:1 솔로몬의 잠언이라 지혜로운 아들은 아비를 기쁘게 하거니와 미련한 아들은 어미의 근심이니라

(3) 교육의 필요(　　　　) 어린아이들은 새로운 것을 쉽게 잘 받아들입니다.
잠 22:6 마땅히 행할 길을 아이에게 가르치라 그리하면 늙어도 그것을 떠나지 아니하리라

(4) 오락을 좋아함(　　　　) 어린아이들에게는 담이 없습니다.
슥 8:5 그 성읍 거리에 소년과 소녀들이 가득하여 거기에서 뛰놀리라

(5) 순수함(　　　　)
마 21:15 대제사장들과 서기관들이 예수께서 하시는 이상한 일과 또 성전에서 소리 질러 호산나 다윗의 자손이여 하는 어린이들을 보고 노하여

(6) 잘 섬김(　　　　) 어린아이들은 신앙을 잘 이해합니다.
막 10:15 내가 진실로 너희에게 이르노니 누구든지 하나님의 나라를 어린 아이와 같이 받들지 않는 자는 결단코 그 곳에 들어가지 못하리라 하시고

(7) 자라면서 강해짐(　　　　)
눅 2:52 예수는 지혜와 키가 자라가며 하나님과 사람에게 더욱 사랑스러워 가시더라

초보자의 마음에는 여러 가지 가능성이 숨어 있다. 그러나 숙련자의 마음에는 가능성이 적다. 예술의 참된 비밀은 언제나 초보자에게 있다. (순류 스즈키)

4. 성경에 나타난 어린이의 모습 3가지

(1) 예수님에 대한 시각

① 어린이 / 요 6:9.......하나님의 아들로 봄......... ② 어른 / 막 6:3....................................

(2) 예수님에 대한 태도

① 어린이 / 마 19:13........................... ② 어른 / 마 2:8....................................

(3) 예수님에 대한 자세

① 어린이 / 마 21:15-16......................... ② 어른 / 마 22:17... 올무를 놓으려고 시험.........

유다가 그리스도를 배신한 때는 소년다움을 잃었을 때이다. (죠지 윌리암 러셀, 아일랜드 시인)

5. 어린이를 통한 교훈

(1)천국을 가르치심

막 10:14 예수께서 보시고 노하시어 이르시되 어린 아이들이 내게 오는 것을 용납하고 금하지 말라 하나님의 나라가 이런 자의 것이니라

(2) 낮추는 자가 더 큰 자가 됨

(3) 작은 자에 대한 최선의 섬김을 통한 주님 영접.

   ① **마 25:40** 임금이 대답하여 이르시되 내가 진실로 너희에게 이르노니 너희가 여기 내 형제 중에 지극히 작은 자 하나에게 한 것이 곧 내게 한 것이니라 하시고

   ② **막 9:36-37** 어린 아이 하나를 데려다가 그들 가운데 세우시고 안으시며 제자들에게 이르시되 누구든지 내 이름으로 이런 어린 아이 하나를 영접하면 곧 나를 영접함이요 누구든지 나를 영접하면 나를 영접함이 아니요 나를 보내신 이를 영접 함이니라

6. 작은 자의 큰 일

(1) 한 아이 / 삿 16:26-30

   ① 한일.. ② 결과...

(2) 사무엘 / 삼상 2:18-20, 3:1, 18

① 한일... 　② 결과..

(3) 작은 소녀 / 왕하 5:2-3, 14-15

　① 한일... 　② 결과..

(4) 어린이 / 요 6:9,13

　① 한일... 　② 결과..

예화도우미

〈내가 정말 알아야 할 모든 것은 유치원에서 배웠다〉라고 하는 책에서 저자인 로버트 폴검은 다음과 같은 것을 유치원에서 배웠다고 이야기 합니다. (1) 모든 것을 나누어 가져라. (2) 정정당당하게 겨뤄라 (3) 남을 때리지 말라. (4) 물건을 사용하고 난 다음에는 반드시 제자리에 갖다 놓아라. (5)자기가 어지른 것은 자기가 치워라. (6) 남의 것을 빼앗지 말라. (7) 다른 사람에게 상처를 주었다면 용서를 구하라. (8) 식사하기 전에 손을 씻어라. (9) 집 밖에 나설 때는 차를 조심하고 손을 꼭 잡고 함께 다녀라. (10) 경이로움을 느끼라 (11) 따뜻한 쿠키와 찬 우유는 몸에 좋다. (12) 균형 잡힌 생활을 하라. 매일 무언가를 조금씩 배우고, 생각하고, 노래하고 , 춤추고, 놀고, 공부해라. (13) 물고기, 햄스터, 흰쥐, 스티로폼 컵에 심은 씨앗까지 모두 죽는다.

우리도 마찬가지입니다. 이들 가운데 하나를 선택해서 세련된 어른의 말로 바꾸어 가정이나 직장, 국가, 세계에 적용합니다. 그러면 그 의미는 더욱 명료해지고 확고해 질 것입니다. 온 세상 사람들이 매일 오후 3시에 쿠키와 우유를 먹는다면 이 세상이 얼마나 행복할지 상상해 봅시다. 모든 나라 사람들이 사용한 물건을 제자리에 갖다 놓고 어지른 것은 스스로 치우는 것을 기본정책으로 세운다면 세상은 얼마나 살기 좋을까요? 나이가 몇 살이든 누구나 집 밖을 나설 때는 손을 꼭 잡고 함께 다녀야 한다는 것은 정말로 맞는 말입니다.

7. 어린아이 심성유지하기

증 명 서

나 (   )는 어린아이같이 사는 사람들의 모임에 평생회원임을 증명합니다. 아울러 이로서 위 사람은 다음과 같은 일을 영원히 할 자격이 있음을 부여합니다.

- 다음 -

빗속을 걷기, 물웅덩이에서 뛰어놀기, 무지개를 따라잡기, 꽃향기를 맡기, 비누거품 불기, 길다가다 멈추기, 모래 두꺼비 집 만들기, 달과 별이 뜨는 것을 보기, 모든 사람에게 '안녕 하세요' 인사하기, 아무사람하고 다 잘 놀기, 연날리기, 건강한 웃음과 건강한 울음을 잃지 않기, 공포와 슬픔과 열정과 행복한 기분을 느끼기, 걱정 근심 수치심을 그만하기, 순진하기, 예 또는 아니오 라고 대답하기, 질문을 많이 하기, 자전거 타기, 그림 그리기, 사물을 다른 각도에서 바라보기, 넘어졌다 일어나기, 동물들과 이야기하기, 하늘 바라보기, 우주를 신뢰하기, 지각하기, 나무에 오르기, 낮잠 자기, 아무것도 안하기, 공상하기.

* 위 회원은 해변, 들판, 산, 수영장, 숲, 놀이터, 소풍, 여름캠프, 생일 잔치, 서커스, 과자가게, 아이스크림가게, 극장, 수족관, 동물원, 박물관, 천문관, 장난감가게, 잔치 등과 모든 어린이들이 놀 수 있는 다른 모든 장소를 자주 방문해야 함을 공식적으로 선언하며 어린아이와 같이 사는 사람들의 모임이 가지고 있는 좌우명을 기억하시기 바랍니다.

행복한 동심의 세계로 돌아가기에 늦은 사람은 아무도 없다.

(제35과 **친구 사귐** – 그리스도처럼 풍성한 삶을 사는 것 –)

* 요 15:15 – 이제부터는 너희를 종이라 하지 아니하리니 종은 주인이 하는 것을 알지 못함이라 너희를 친구라 하였노니 내가 내 아버지께 들은 것을 다 너희에게 알게 하였음이라
(암송말씀)

* 에머슨 – 친구를 얻기 위한 가장 좋은 방법은 자신이 먼저 그의 친구가 되어주는 것이다.

하나님의 아들 예수님은 잘 어울리시는 분이십니다. 누구에게나 친구가 되어주셨습니다. 가난한 자, 병자, 그리고 죄인도 창기도 권력자도 어린아이도 다 예수님의 친구가 되셨습니다. 그리고 가장 가까이에는 예수님의 제자들이 있었습니다. 예수님은 삼위일체 하나님 중 제 2위 되시는 하나님이십니다. 예수님은 성부 하나님과 성령 하나님과 부단히 교제하며 연합되어 계십니다. 예수님은 이 땅에서 뿐 만 아니라 하나님 나라에서도 모인 하나님의 백성들과 영원히 즐거워하실 것입니다. 이런 의미에서 예수님의 영성은 공동체적 영성이십니다.

서론

(1) 내가 겪었던 나의 친구의 아름다운 우정 한 토막을 나누어 봅시다.

(2) 좋은 친구가 되기 위한 비결은 무엇이라고 생각하십니까?

1. 좋은 친구(잠언)

(1) 비교 / 잠 18:24.................................... (2) 말 (언어) / 잠 27:6............................

(3) 권고 / 잠 27:9.................................... (4) 명령 / 잠 27:10............................

(5) 결과 / 잠 27:17....................................

예화도우미

스코틀랜드의 한 대학 교수가 강의할 때 자기 의견에 동의할 때 항상 오른 손을 들게 했습니다. 그런데 유독 한 학생만이 왼손을 들었습니다. 다시 한 번 손을 들게 하니 또 왼손을 들었습니다. 그래서 교수는 화를 내면서 물었습니다. 그랬더니 울먹이면서 어릴 때 교통사고로 오른 팔을 잃었다고 말했습니다. 이해란 남이 처한 처지에 들어가는 것입니다. 좋은 친구가 되려면 친구의 마음을 이해해야 합니다.

2. 선한 친구들(예)   * 영적부흥, 복음, 생명, 용서, 협력, 버리심, 신앙정절

(1) 여호수아–갈렙 / 수 14:13: (   )하여 가나안 정복

(2) 다윗–요나단 / 삼상 18:1: (   )같이 사랑

(3) 에스라–느헤미야 / 느 8:5: 서로 도와 귀환하여 이스라엘의 (   )을 가져옴

(4) 욥과 4친구 / 욥 42:10: (   )하고 기도

(5) 다니엘과 4친구 / 단 1:8–16: 서로 격려하여 (   )을 지킴

(6) 바울과 바나바 / 행 13:1–3: 합력하여 (   )을 전함(선교사)

(7) 참 친구 예수 그리스도 / 요 15:13–17: 친구를 위해 목숨을 (   )

3. 우정 키우기 (주의사항)　　*재물, 약속, 많은, 책망, 허물

(1) 잠 17:9 / 추천.................................... 금지..

(2) 잠 18:24 / 권면.................................... 이유..

(3) 잠 27:6 / 친구의 태도와 이유.................. 원수의 행동과 이유..............................

(4) 잠 27:10 / 2개의 명령......................... 그 이유..

(5) 전 4:9-12 / 친구의 유익들...

(6) 삼하 9:7 / 우정의 결과..

(7) 눅 16:9 / 우정의 도구...

예화도우미

어느 날 미국의 노스캐롤라이나주 윌링톤시 연합신학교 총장은 끔찍한 광경을 목격하였습니다. 사소한 자동차 접촉사고가 나서 차에서 내려 상대편 차로 다가선 순간 그 차의 젊은이가 자신의 자동차 좌석 밑으로 손을 가져갔습니다. 그리고 좌석 밑 종이 쇼핑백에 들어있는 총을 꺼내서 자살을 했습니다. 총을 쏘기 직전에 그 청년이 총장에게 이렇게 말을 했다고 합니다. "나는 친구가 한 명도 없어."

4. 친구(성도)를 위한 주님의 고난의 이유　　*의롭게, 거듭나게, 부요, 양식, 처소, 영원히

(1) 낮아지심 / 성도를 높이기 위함 (요 6:38-39)

(2) 탄생하심 / 성도를 (　　　　) 하기 위함 (요 3:3)

(3) 가난해지심 / 성도를 (　　　　) 하기 위함 (고후 8:9)

(4) 종이 되심 / 성도를 하나님의 아들이 되게 하심 (갈 4:6-7)

(5) 집을 갖지 않으심 / 성도가 하늘 (　　　　　　)를 갖게 하기 위함 (마 8:20)

(6) 굶주리심 / 성도가 영적 (　　　　　)을 먹게 하심 (요 6:50)

(7) 목마르심 / 성도가 (　　　　　) 목마르지 않게 하심 (요 4:14)

(8) 버림받으심 / 성도가 버림받지 않게 하심 (히 13:5)

(9) 정죄 당하심 / 성도를 (　　　　　) 하심 (고후 5:21)

(10) 다시 내려오심 / 성도를 올려서 하늘 처소에서 살게 하심 (살전 4:16-17)

(제36과 **안식의 삶** – 그리스도처럼 풍성한 삶을 사는 것 –)

> * 마 11:28 – 수고하고 무거운 짐 진 자들아 다 내게로 오라 내가 너희를 쉬게 하리라
> (암송말씀)
>
> * 미상 – 성도에게 있어서 가장 필요한 행복의 요소는 안식과 평안이다.

하나님은 창조 시 우리 인류에게 안식을 주시고 복을 주셨습니다. 사람의 태어난 날은 6일 째입니다. 하나님은 7째 날 안식하셨습니다. 태어난 사람 아담이 이 당시에 제일 먼저 할 일은 하나님과 더불어 안식하는 일이었습니다. 세상에서 제일 먼저 해야 할 중요한 일은 하나님 품에서 안식하는 일입니다. 이 안식이 있음으로 부요를 누리고 이 안식을 함으로 하나님이 일하시는 일을 보게 됩니다. 성숙한 그리스도인의 마음은 안식이 있습니다. 그러므로 내가 이 땅위의 삶을 살아가고 수많은 일을 하는 것보다 중요한 것은 내 마음에 참된 안식이 있는가 하는 문제입니다.

서론

(1) 내가 가장 컨디션이 좋을 때는 어떤 상황 어떤 때입니까?

(2) 나에게 있어서 가장 불안하고 염려하는 상황은 어떤 상황들입니까?

1. 안식의 기원

(1) 하나님 / 안식일의 의의 / 창 2:3..

인간에게 가장 중요한 일은 건물을 세우거나 사업을 하는 것이 아닙니다. 하나님의 안식을 얻는 일입니다. 여기에 행복이 있고, 자유가 있고, 평화가 있고, 은혜가 있습니다. 인간의 가장 큰 기쁨은 안식을 얻는 것입니다.

안식을 무엇 때문에 잃어버렸습니까? 그리고 인간에게 다가온 것은 무엇입니까? (창 3:16-19)

　① 원인...................... 　② 결과 / 하와...................... 아담......................

(2) 안식의 회복 / 예수 그리스도 / 마 11:28-30에서 주님께서 말씀하신 안식의 1차적 조건과 그리고 그 조건을 이루는 2차적 조건은 무엇입니까?

　① 1차적 조건.............................. 　② 2차적 조건..

2. 안식일의 의미

(1) 안식일의 첫째 의미: 은혜 받고 시작하라 / 은혜 중심

　① 성도가 성도 되는 것은 무엇으로 된다고 했습니까? 그리고 은혜의 참된 모습은?

고전 15:10...

　② 일꾼이 되는 삶은 어떻게 시작이 됩니까?

엡 3:7..

　③ 은혜를 받아야 할 이유는 무엇입니까?

고후 9:8..

④ 성도는 언제 강한 삶을 살게 됩니까?

딤후 2:1...

하나님께서 인간의 인생을 노동으로 시작하게 하지 않으시고 안식으로부터 시작하게 하신 것은 인간은 자신의 힘으로 사는 존재가 아니라 하나님의 은혜로 사는 존재라는 사실을 말씀해 줍니다. 성도가 한 주간을 시작하면서 하나님께 나아가 예배를 드리고 , 그 은혜를 받아야 하는 것은 하나님의 은혜와 회복을 통해서만 이 세상에서 능히 이기고 굳건히 설 수 있기 때문입니다.

(2) 안식일의 둘째 의미: 거룩하게 시작하라 / 거룩한 삶

① 하나님께서 모세에게 강조한 것은 무엇입니까?

출 13:1-2..

② 우리가 하나님을 잘 섬기는 것은 무엇입니까? 그리고 이에 대한 보상은?

잠 3:9-10 / 방법.............................. 보상...............................

③ 주님은 공생애 사역을 어떻게 어떤 마음으로 시작하였습니까?

마 4:1-2...

하루의 시작은 새벽입니다. 한주의 시작은 주일입니다. 한해의 시작은 정월 초하루입니다. 가장 중요한 순간을 구별해서 중요하게 보내는 것은 성공적인 인생의 지름길입니다. 하나님의 축복을 받는 길입니다.

(3) 안식일의 셋째 의미: 하나님의 일로 시작하라 / 주 중심
하나님께서 우리로 안식일을 주시고 그날로부터 한 주를 시작하게 하신 것은 세상 일, 자신의 일보다 하나님의 일을 먼저 하라는 의미입니다.

주님의 명령 / 마 6:33..

동양의 문화는 정지된 문화입니다. 사실 일 많이 하기로는 동양이 서양보다 300년 동안 더 했습니다. 1년이면 52주입니다. 10년이면 520일, 100년이면 5,200일입니다. 1000년이면 52,000일이고 2000년이면 104,000일입니다. 이 많은 시간 서양은 안식일로 지켜 쉬었고 동양은 죽어라 일만 했습니다. 쉼이 없고 일만 하니까 생활의 리듬이 깨어졌고 그 권태를 이기지 못해 동양 사람들은 의욕이 없습니다. 재창조가 없습니다. (홍정길, 십계명 강해)

3. 안식 인생의 축복(사 58:13-14)

(1) 하나님 안에서의 즐거움〈네가 여호와 안에서 즐거움을 얻을 것이라〉

　① 하나님은 안식일을 지키는 자들에게 무엇을 주십니까?

사 56:6-7 ....

　② 거룩한 주일 무엇을 해야 한다고 했습니까?

느 8:10 ....

하나님께서 약속하신 즐거움은 예수님이 말씀하신 〈세상이 빼앗아 갈 수 없는 즐거움〉입니다. 이것은 세상을 뛰어넘는 즐거움입니다. 그리고 세상의 형편과 상관없이 우리에게 머물러 있는 기쁨입니다. 이 기쁨 속에 성숙한 신앙인은 신앙이 더 견고해지고 든든히 서 가게 될 것입니다.

(2) 존귀함의 복〈내가 너를 땅의 높은 곳에 올리고〉

　① 하나님이 자신을 순종하는 자에게 주시는 은혜는 무엇입니까?

왕상 11:38..

　② 안식일에 금하는 것은? 사 56:2..

　③ 존귀함의 근거는 무엇입니까? 삼상 2:30..

(3) 야곱의 기업을 누림〈네 조상 야곱의 업으로 기르리라〉

  ① 안식을 지키는 자에게 주시는 은혜는?

출 16:5……………………………………… 레 25:21………………………………………

  ② 주일을 위해 사용한 것에 대한 대가는 무엇입니까?(야곱의 얼)

출발 / 창 28:10-11……………………… 돌아옴 / 창 32:13-15………………………

4. 참된 안식의 삶 / 성전 신앙(시 84편)   *위로, 사랑, 축복, 힘, 해답

참된 안식은 하나님 중심의 신앙을 갖게 될 때 다가오게 됩니다. 그러니 사람이 만드는 안식이 아니고 하나님이 주시는 안식입니다.

(1) 성도의 가장 큰 (   )의 대상을 발견(1절)

(2) 모든 축복의 근원의 보금자리를 앎(3절)

(3) 성도는 눈물 많은 세상에서 (   )를 받음(6절)

(4) 성도는 성전에서 (   )을 얻음(7절)

(5) 주께 나아와 모든 문제의 (   )을 얻음(8절)

(6) 보람과 행복을 얻음(10절)

(7) 아낌없는 (   )을 받음(11절)

제37과 충전의 삶 - 그리스도처럼 풍성한 삶을 사는 것 -

> * 엡 3:16 - 그의 영광의 풍성함을 따라 그의 성령으로 말미암아 너희 속사람을 능력으로 강건하게 하시오며 (암송말씀)
>
> * F W.페어버 - 그저 앉아 하나님을 생각하니 오 얼마나 기쁜지! 그 이름을 생각하며 호흡하니 이보다 큰 행복 지상에 없어라

주님은 〈나의 답답함이 어떠하겠느냐?〉고 누가복음 12:50에서 말씀하셨습니다. 예수님도 냉대와 좌절에서 비롯된 스트레스가 많으셨습니다. 그러나 그는 한적한 곳에 가셨습니다. 그리고 지친 영혼을 항상 새로운 힘으로 채워놓으셨습니다. 때때로 예수님은 아무도 찾을 수 없는 장소에 혼자 계시곤 하셨습니다. 그는 기도라는 피난처를 통하여 자신의 진정한 내면세계를 찾기 위해 사람들로부터 벗어나시곤 했습니다.

서론

(1) 내가 나를 충전시키는 가장 좋은 방법은 무엇입니까?

(2) 가장 나를 고갈시키는 것은 무엇이라고 생각합니까?

1. 우리의 내면의 두 부류

(1) 베드로 사도가 강조하는 점은? / 벧전 3:4...

(2) 우리 마음에 자리 잡은 두 가지 마음 때문입니다.

　① 부정적인 면 / 렘 17:9...

　② 긍정적인 면 / 잠 4:23...

인간의 마음속에는 어두움도 있고 천국도 있습니다. 하나님과 원수 되는 육의 생각이 담기기도 하고 평강을 주는 영의 생각도 담겨 있습니다. 이 마음을 잘 가꾸는 것이 영성훈련입니다.

2. 내면의 능력을 위한 조건

사람들은 고향에 가거나 부모님에게 가면 평안함과 안식을 느낍니다. 그곳은 나의 삶의 시작이 있던 곳이며 나의 사랑이 가장 진지하게 머무는 자리입니다. 우리의 영의 고향은 하나님이십니다. 그곳에서 우리는 영원한 안식과 평안을 얻을 수 있습니다.(어거스틴)

(1) 렘 17:7-8 / 성부...

(2) 골 2:6-7 / 성자...

(3) 엡 1:17-19 / 성령...

3. 내면 충전을 위하여 / 예수님

(1) 막 1:35 / 시간 및 장소...

(2) 막 14:35 / 때...

(3) 눅 22:44 / 태도 ....

(4) 마 26:38 / 방법 ....

(5) 막 3:7-10 / 이유 ....

(6) 눅 12:24,27 / 시선 ....

묵상도우미

내면의 충전을 위한 가장 좋은 방법은 고향으로 가는 것입니다. 다시 말해서 자신의 방법에 대한 확신이 없거나 자신이 없을 때 가야할 길이 분명하지 않을 때는, 부활하신 그리스도께서 실망한 제자들에게 했던 충고를 받아들이는 것이 마땅합니다. 주님은 제자들에게 〈갈릴리로 돌아가라〉고 하셨습니다. 활력이란 말은 새롭게 잉태된 생명이 어머니의 배안에서 최초로 움직이는 것을 뜻하는 말에서 왔습니다. 예수님은 〈멈추어 서서 백합화의 향기를 맡아라〉하시지 않으셨습니다. 예수님은 〈백합화를 생각하여 보라〉고 말씀하셨습니다. 우리는 백합화를 생각하기 보다는 쳐다보기 위해 아름답게 장식합니다. 예수님은 〈그것들을 생각하여 보라〉는 것은 〈그것들에게〉 끊임없는 관심을 줄 것을 의미하는 것입니다. 즉, 백합화를 키우시는 하나님의 품으로 나아갈 때 우리에게 참된 안식과 활력이 주어지게 된다는 뜻입니다. 주님의 품은 항상 우리의 따뜻한 고향입니다.

4. 영적 피곤과 회복의 예 / 엘리야

A. 원인

(1) 하나님보다 문제를 더 크게 보았기 때문입니다.
〈형편을 볼 때〉(3절) 현실 속에서 절망하고 하나님을 바라보는 일이 멈추어 졌을 때 영적 침체가 왔습니다. 이세벨이 엘리야를 그냥 죽이기로 작정했다면 경고할 시간도 줄 필요가 없습니다. 사람을 보낼 필요도 없습니다. 〈내일 이맘때〉란 말을 하면서 죽이겠다고 위협한 것은 진심으로 엘리야를 죽이겠다고 작정한 것도 아닙니다. 그냥 위협해서 엘리야를 쫓아내려고 한 것입니다.

(2) 내면의 건강이 약화될 때
이는 엘리야가 내면적으로 피곤을 느끼고 침체되었기 때문입니다. 심령이 연약한 사람일수록 별

것 아닌 것 가지고도 상처를 받고 피곤해 합니다. 그러나 심령이 강하면 어떤 공격에도 이길 수가 있습니다.

B. 하나님의 방법

(1) 육적 휴식
하나님은 엘리야를 쉬게 하시려고 잠을 주셨습니다. 그것도 두 번이나 말입니다. 이는 우리의 육은 영과 깊은 연관을 맺고 있습니다. 우리 몸을 너무 무리하면 영적인 병으로 연결이 됩니다. 그러므로 우리의 한계를 알고 이 한계를 넘어가면서 피곤해 하는 것은 미련한 행동입니다. 지혜로운 자는 한계에 다다를 때 함께 동역을 하면서 영적 건강을 유지합니다. 이렇게 하는 것이 주님의 뜻이기도 합니다.

　① 모세의 피곤의 이유 / 출 18:13-18...

　② 피곤의 해결 방법 / 출 18:21-23...

(2) 하늘 양식
하나님께서는 하늘 양식으로 엘리야의 피곤하고 배고픈 모든 것을 치유하셨습니다. 건강을 주셨습니다. 이는 천사가 가지고 온 음식이었습니다. 우리는 하늘의 것으로 채움을 받게 될 때 영적 건강을 끝까지 유지할 수 있습니다.

　① 세상 양식의 한계 / 요 4:13-14...

　② 하늘 양식의 풍성함 / 요 6:35...

(3) 사명 / 끝없는 비전과 소망 (왕상 19:15-18)
우리를 항상 건강하게 하는 것은 우리 앞에 놓여 있는 꿈과 비전입니다. 꿈과 비전 중에서 가장 아름다운 것은 하나님으로부터 온 것입니다. 사명은 우리를 지치지 않게 하는 신기한 능력이 있습니다. 또한 사명을 위해 사는 자에게 주님의 끊임없는 보살핌과 은혜가 주어집니다.

　양식과 사명과의 관계 / 요 4:32-34...

(제38과 **풍성함** – 그리스도처럼 풍성한 삶을 사는 것 –)

> * 고후 8:7 – 오직 너희는 믿음과 말과 지식과 모든 간절함과 우리를 사랑하는 이 모든 일에 풍성한 것 같이 이 은혜에도 풍성하게 할지니라 (암송말씀)
>
> * 생텍쥐베리 – 사막이 아름다운 것은 어디엔가 오아시스가 있기 때문이다.

하나님은 풍성하신 하나님이십니다. 후하고 좋으신 분이십니다. 천지 창조 시에 하늘에 별들을 채우셨고 이 땅은 온갖 수목과 화초와 동식물로 채워놓으셨습니다. 바다에는 어족으로 채우셨습니다. 모든 것을 채워놓으신 후 에덴을 창설하시고 모든 것을 다 받아 관리하며 누리게 하셨습니다. 풍성하신 하나님을 믿는 주의 백성들, 하나님의 자녀들의 모든 삶의 총체적인 모습은 풍성함 그 자체입니다.

서론

(1) 내가 가장 풍성했던 마음(신앙)의 부요는 언제였다고 생각하십니까?

(2) 풍성한 행복을 위해서 물질과 환경은 어느 정도 되어야 한다고 생각하십니까?

1. 근원 / 풍성하신 하나님

(1) 하나님 / 창 1:11,14,20,26, 2:25..

(2) 예수님 / 요 10:10...

(3) 성령님 / 엡 2:17-19..

2. 시작 / 에덴동산

(1) 창 2:10-14 / 네 강.................. , ... , ... , ...

(2) 뜻 / 에덴동산을 중심으로 흘러내린 네 강의 이름 속에는 우리가 풍성한 삶을 누리는데 필요한 모든 것들이 담겨져 있습니다.

　① 비손은 부유 풍부 흘러넘친다는 뜻입니다. 하나님이 축복하시는 강은 흘러넘치는 풍부의 강입니다.

　② 기혼은 은혜란 뜻입니다. 하나님이 축복하시는 강은 은혜의 강입니다. 은혜는 무자격자에게 베푸시는 하나님의 호의입니다.

　③ 힛데겔 입니다. 결실이란 뜻입니다. 하나님이 축복하시면 결실을 맺습니다.

　④ 유브라데 입니다. 이 말은 능력이란 뜻입니다. 하나님이 축복하시는 강은 능력의 강입니다.

3. 조건 / 뿌리 내림

　① 시 1:3 / 범위 ....

　② 렘 17:7-8 / 상황 ....

③ 골 2:6-7 / 태도 ....

* 하나님을 뿌리 깊이 의지한 사람들

④ 창 49:22 / 요셉 ....

⑤ 단 6:23,28 / 다니엘 ....

⑥ 요 2:24 / 예수 그리스도 ....

묵상도우미

엔드류 머레이는 남아프리카의 오렌지 나무를 해롭게 하는 질병 가운데 뿌리병(root diease)에 대해 소개를 합니다. "이 병에 걸린 나무는 여느 때와 다름없이 열매를 맺기 때문에 일반인은 무엇이 잘못되어 있는지 눈치를 채지 못합니다. 그러나 전문가는 그 나무에서 느린 죽음의 서곡을 듣습니다. 포도나무의 뿌리진디는 이러한 뿌리병의 일종인데 옛 뿌리를 잘라내고 새 뿌리를 접붙이지 않는 한 근본적인 치료가 불가능합니다. 원산지 포도나무에 미국산 포도나무의 뿌리를 이식시킨 후 시간이 경과하면 줄기, 가지, 열매는 전과 다름없지만 뿌리는 더 싱싱하고 질병에도 저항력을 지닌 포도나무가 됩니다. 질병이 찾아오는 곳, 그리고 치료가 필요한 곳은 바로 눈에 보이지 않는 내면에 있습니다."

4. 통로 / 3가지

(1) 절망을 통해

성경에 나타난 풍성한 축복은 언제나 궁핍과 어려움에서 시작되었습니다. 인생의 좌절과 절망에서 시작되었습니다. 희망이 없는 곳에서 시작되었습니다. 인생의 절망의 벽은 하나님의 역사가 시작되는 곳입니다.

　① 기나혼인잔치 기적
　② 오병이어의 기적

(2) 다른 사람을 먼저 풍성케 할 때

A. 역설적인 축복

　① 축복의 선포 / 사 58:11 ....

　② 축복의 조건 / 사 58:10 ....

B. 부메랑과 같은 축복 / 황금률

마 7:12 그러므로 무엇이든지 남에게 대접을 받고자 하는 대로 너희도 남을 대접하라 이것이 율법이요 선지자니라

　① 사랑이 필요하면 사랑을 베풀라.
　② 존경이 필요하면 다른 사람을 먼저 인정하라.
　③ 물질이 필요하면 먼저 물질로 베풀라. 예) 사르밧 과부(왕상 17:8-16)
　④ 병 고침을 받고 싶으면 병자들을 위해 기도하라. 예) 욥(욥 42:10)

인간의 행복은 신비롭습니다. 인간은 다른 사람을 위해 존재할 때 행복합니다. 다른 사람을 깎아내릴 때 우리의 마음은 황폐해집니다. 다른 사람을 사랑하고 칭찬하고 인정하고 존경하고 나면 상대방도 좋아하지만 우리 마음에 먼저 기쁨이 넘쳐납니다. 하나님이 이렇게 만드신 것입니다.

예화도우미
일본의 크리스천 베스트셀러 작가 〈미우라 아야꼬〉가 결혼하고 나서 장식품 가게를 할 때의 이야기입니다. 시작한 가게가 제법 잘되고 있을 무렵 그 가게 바로 앞에 어떤 사람이 와서 가게를 새로 시작했습니다. 고민이 생겼습니다. 그 가게가 들어옴으로 인해 자기 가게가 타격을 받게 된 것입니다. 그래서 남편과 상의했습니다. 그 남편 또한 독실한 기독교인이었습니다. 남편은 주님의 말씀에 주는 사람이 받는 사람보다 복이 된다는 말씀이 있으니 그 말씀을 따라 그 사람들의 가게가 잘되도록 도와주자고 권면했습니다. 자기 가정은 자신이 직장생활을 하여 버는 돈만 가지고도 살 수 있지만 그 앞 가게는 생계를 그 가게에 의존하고 있기 때문에 그 가게가 잘되도록 도와주어야 한다는 말이었습니다. 그래서 마음은 내키지 않았지만 남편의 말을 듣고 그 가게가 잘되기를 빌었습니다. 자기 가게에 물건이 떨어져도 바로 주문하지 않고 건너편 가게에 손님을 보냈습니다.

그 결과 가게가 한가해 졌습니다. 그리고 그 한가한 시간에 소설을 쓰기 시작했습니다. 그때 미우라 아야꼬가 쓴 소설이 그 유명한 〈빙점〉입니다. 그 소설이 당선됨으로써 그녀는 엄청난 축복을 받았습니다.

잠 11:24-25 흩어 구제하여도 더욱 부하게 되는 일이 있나니 과도히 아껴도 가난하게 될 뿐이니라 구제를 좋아하는 자는 풍족하여질 것이요 남을 윤택하게 하는 자는 자기도 윤택하여지리라

밥은 하늘입니다.
하늘은 혼자 못 가지듯이
밥은 서로 나눠먹는 것입니다.
밥이 입으로 들어갈 때
하늘을 몸속으로 모십니다.
밥은 하늘입니다.
아아, 밥은 모두 나눠 먹는 것 (김지하)

(3) 하나님을 경외함

　① 창 2:1-3 / 인생의 첫째 날 ....

　② 출 20:24 / 구체적 행위 ....

　③ 시 31: 19 / 대상 ....

　④ 시 34:9-10 / 범위 ....

　⑤ 시 92:12-15 / 이유 ....

(제39과 **기쁨의 삶** – 그리스도처럼 풍성한 삶을 사는 것 –)

* 느 8:10 – 여호와로 인하여 기뻐하는 것이 너희의 힘이니라 (암송말씀)

* 미상 – 기쁨은 기독교인의 성숙의 척도이다.

기쁨은 그리스도인의 표지이며 얼굴입니다. 또한 기쁨은 그리스도인이 누리는 특권입니다. 우리는 기쁨을 알고, 기쁨을 추구하고, 기쁨을 누려야 합니다. 우리의 기쁨을 그 어떤 것도, 어느 누구도 빼앗아 갈 수 없게 해야 합니다. 행복해지기를 원한다면 행복한 사람들을 관찰하며 그들에게서 행복의 비결을 배워야 합니다. 기쁨에 충만한 삶을 살고 싶다면 기쁨이 넘치는 사람을 관찰하여 그 기쁨의 비결을 배워야 합니다.

서론

(1) 내가 나의 인생에 가장 크게 기뻐하면서 웃었을 때는 언제 입니까?

(2) 나는 항상 기뻐하라고 하신 하나님의 명령 말씀에 어느 정도 순종한다고 믿습니까?

1. 기쁨의 근원

(1) 왕상 8:66 .... (2) 시 4:7 ....

(3) 시 5:11 .... (4) 시 118:15 ....

(5) 잠 15:23 .... (6) 마 5:12 ....

(7) 눅 2:10 .... (8) 눅 10:20 ....

(9) 롬 14:17 .... (10) 고전 13:6 ....

즐거운 신앙생활

자신을 쥐라고 생각했기 때문에 정신병원에 들어가게 된 사람이 있었습니다. 이 사람이 다 나았다며 퇴원하겠다고 하기에 의사가 살펴본 후에 퇴원시켜 주었는데 나가면서 이렇게 말하는 것이었습니다. "나는 절대로 쥐가 아니야! 병원에 있는 고양이가 무서워서 나가는 거지!"

2. 기쁨의 종류

(1) 시 2:11 .... (2) 시 68:3 ....

(3) 사 65:18 .... (4) 습 3:14 ....

(5) 행 8:8 .... (6) 롬 12:12 ....

(7) 고후 8:2 .... (8) 살전 5:16 ....

(9) 약 5:13 .... (10) 벧전 1:8 ....

즐거운 신앙생활

대인관계에서 해서는 안 될 말

1. 선행을 베푸는 목사에게 – 당신은 살아 있는 부처님입니다.
2. 올해 연세가 아흔 아홉인 할머니에게 – 백 살까지 사셔야 합니다.
3. 머리카락이 없는 사람에게 – 참석해주셔서 자리가 빛났습니다.
4. 남편에게 매 맞는 아내에게 – 남편이 무병장수하시기 바랍니다.
5. 석방되어 나가는 전과자에게 – 다시 한 번 들러주시기 바랍니다.
6. 장의사가 손님에게 – 단골이 되어 주시면 감사하겠습니다.

3. 기쁨의 열매

(1) 느 8:10.. (2) 시 37:4..

즐거운 신앙생활

한 멋진 신사가 음식점에서 식사 하다가 국에서 머리핀을 건졌습니다. 그래서 종업원에게 항의했습니다. "이것 보쇼. 이 국속에 머리핀이 있소!" 그러자 종업원이 웃으며 대답했습니다. "그 머리핀은 손님 가지세요! 저는 또 있거든요!"

4. 기쁨의 방해물을 극복하라.

(1) 빌 4:6.. (2) 욜 2:21..

(3) 고후 12:10................................. (4) 약 1:12..

(5) 빌 4:11-12................................. (6) 고후 12:10...................................

(7) 고후 6:10.................................

아브라함 링컨이 미국 대통령으로 재직할 때 그가 무슨 일을 하려고 하면 반드시 문제점을 찾아내 사사건건 시비하던 관료 한 명이 있었습니다. 링컨 대통령이 어떤 사안에 관심을 보이면 그 사람이 반드시 반대할 것이라고 내기를 걸어도 좋을 정도였습니다. 이런 일이 계속되자 링컨 대통령의 한 친구가 왜 그 사람을 해임하지 않느냐고 물었습니다. 그러자 링컨 대통령은 젊었을 때의 경험을 들려주었습니다. 링컨이 시골길을 가다가 한 농부가 말이 끄는 쟁기로 땅을 경작하고 있는 것을 발견했습니다. 링컨이 인사를 하려고 가까이 다가가 보니 말 옆구리에 말파리가 붙어 앉아 말을 깨물고 성가시게 하고 있었습니다. 링컨은 말파리를 쫓아낼 요량으로 손을 들어 올렸습니다. 그러자 농부가 그를 막으면서 이렇게 말했습니다. "그렇게 하지 말게나. 말파리는 이 늙은 말이 움직이도록 해 주고 있을 뿐일세." 링컨은 무슨 일을 하려고 할 때 자신을 반대하는 그 사람이 자신을 돕고 있다는 사실을 깨달았습니다. 그래서 그는 관용을 베풀 수 있었던 것입니다. 우리는 괴롭게 하는 사람을 통해 변화되고 성장된 것을 알 수 있습니다. 그래서 모든 사람을 향해 관용을 베풀고 모든 사람을 인해 감사할 수 있게 되는 것입니다. 이런 사실을 깨달을 때 우리 안에서 신비로운 기쁨을 경험하게 됩니다.

5. 주님 안에 항상 기뻐하라

장소의 심리학이 있습니다. 장소가 우리에게 어느 정도 행복을 준다는 것입니다. 우리는 장소를 무시할 수 없습니다. 인간이기 때문에 환경의 영향을 받을 수밖에 없습니다. 그러나 장소와 환경을 초월할 수 있는 길이 있습니다. 그것은 주님 안에 거하는 것입니다.

빌 4:4 주 안에서 항상 기뻐하라 내가 다시 말하노니 기뻐하라

빌 4:10 내가 주 안에서 크게 기뻐함은 너희가 나를 생각하던 것이 이제 다시 싹이 남이니 너희가 또한 이를 위하여 생각은 하였으나 기회가 없었느니라

(1) 주님 안에 있을 때 하나님이 주시는 기쁨을 누리게 됩니다.

시 4:7 주께서 내 마음에 두신 기쁨은 그들의 곡식과 새 포도주가 풍성할 때보다 더하니이다

시 16:8-9 내가 여호와를 항상 내 앞에 모심이여 그가 나의 오른쪽에 계시므로 내가 흔들리지 아니하리로다 이러므로 나의 마음이 기쁘고 나의 영도 즐거워하며 내 육체도 안전히 살리니

시 16:11 주께서 생명의 길을 내게 보이시리니 주의 앞에는 충만한 기쁨이 있고 주의 오른쪽에는 영원한 즐거움이 있나이다

(2) 기도할 때 하나님이 주시는 기쁨을 누리게 됩니다.

요 16:24 지금까지는 너희가 내 이름으로 아무 것도 구하지 아니하였으나 구하라 그리하면 받으리니 너희 기쁨이 충만하리라

(3) 주님 안에서 복음을 전할 때 영혼구원의 기쁨을 누리게 됩니다.

눅 15:7 내가 너희에게 이르노니 이와 같이 죄인 한 사람이 회개하면 하늘에서는 회개할 것 없는 의인 아흔아홉으로 말미암아 기뻐하는 것보다 더하리라

6. 염려를 기도로 바꿈으로 기쁨을 누리라   *비생산성, 기도, 주장, 감사

염려는 기쁨을 빼앗는 가장 큰 적입니다.

A. 염려의 본질

(1) 염려의 (   )

마 6:27 너희 중에 누가 염려함으로 그 키를 한 자라도 더할 수 있겠느냐

(2) (   )의 표현

마 6:30-31 오늘 있다가 내일 아궁이에 던져지는 들풀도 하나님이 이렇게 입히시거든 하물며 너희일까보냐 믿음이 작은 자들아 그러므로 염려하여 이르기를 무엇을 먹을까 무엇을 마실까 무엇을 입을까 하지 말라

B. 염려의 극복

(1) 염려대신 (   )하라

빌 4:6 아무 것도 염려하지 말고 다만 모든 일에 기도와 간구로, 너희 구할 것을 감사함으로 하나님께 아뢰라

(2) 염려대신 (   )하라

빌 4:6 아무 것도 염려하지 말고 다만 모든 일에 기도와 간구로, 너희 구할 것을 감사함으로 하나님께 아뢰라
감사하면 염려가 사라집니다. 감사를 시작하면 감사가 넘치게 됩니다.

(3) 염려대신 하나님의 평강이 마음과 생각을 (   )하게 하라.

빌 4:7 그리하면 모든 지각에 뛰어난 하나님의 평강이 그리스도 예수 안에서 너희 마음과 생각을 지키시리라

제40과 기적의 삶 – 그리스도처럼 풍성한 삶을 사는 것 –

* 요 2:11 – 예수께서 이 첫 표적을 갈릴리 가나에서 행하여 그의 영광을 나타내시매 제자들이 그를 믿으니라 (암송말씀)

* 미상 – 나는 아무것도 해보지 않고 성공했다고 자랑하는 것보다는 차라리 위대한 일을 시도했다가 실패하고 싶다

예수님의 인생은 기적 그 자체이셨습니다. 동정녀 탄생부터 십자가에 죽으심 그리고 부활 승천 재림의 그의 모든 인생여정은 기적으로 시작해서 기적으로 마치셨습니다. 하나님은 기적의 하나님이십니다. 예수를 믿는 사람도 기적 속에 살아가는 인생입니다. 기적은 자연스러운 일이요 기적은 상식입니다. 그러나 기적만을 좇아가면 안 됩니다. 기적을 기대하며 살아가야 하지만 기적만을 좇아가면 기적은 우리를 멀리 합니다. 가장 큰 기적은 끝까지 예수님을 믿는 것입니다. 예수님 안에서 천국의 소망을 품고 사는 것입니다. 가장 큰 기적은 문제 속에 비전을 바라보는 것입니다. 절망 중에 희망을 품는 것입니다. 십자가를 피하는 것이 아니라 십자가를 지는 것입니다. 가장 큰 기적은 고난의 의미를 발견하는 것입니다.

서론

(1) 내가 인생 중에 체험했던 가장 큰 놀라운 기적의 장면은 어떤 장면입니까?

(2) 나의 일생에 소망하는 가장 큰 기적은 무엇입니까?

1. 순종

(1) 요한의 기적에 대한 관심은 무엇입니까?

요 2:11...

요 20:30-31..

(2) 언제 기적이 일어났는가?

요 2:1-3...

7-8..

2. 말씀

(1) 기적의 때

요 4:47...

(2) 기적의 재료

요 4:46-47..

롬 10:17..

(3) 기적의 주인공

요 4:50...

요 4:51-53..

3. 인내

(1) 하나님께서 은혜 베푸시는 자는 어떤 자들입니까?

요 5:1-5(시 107:9)...

요 5:6-7..

(2) 환자에게 기적이 일어난 이유는?

요 5:8-9..

(3) 아브라함과 이 환자의 공통점은?

히 6:14-15..

4. 헌신

(1) 불가능의 상황

요 6:5-7..

예화도우미

옛날에는 불가능하다고 생각했던 많은 것들이 지금은 우습게만 느껴지는 일들이 많이 있습니다. 다음 내용들은 과거 신문에 실렸던 내용들입니다.
*시속 30마일(48Km정도)로 여행하면 누구나 질식하고 말 것이다. (1840년)
*인간의 비행을 가능하게 하는 실제적인 기계조립은 불가능하다. (1901년)
*달에 가겠다는 생각은 근본적으로 불가능하다. (1926년)

(2) 이에 대한 빌립과 안드레의 태도는? ....
....
....

(3) 예수님이 기적을 일으키신 재료들

요 6:8-9.. 요 6:10..

요 6:11..

5. 겸손

(1) 백부장의 고통은 무엇입니까?

눅 7:1-2 예수께서 모든 말씀을 백성에게 들려주시기를 마치신 후에 가버나움으로 들어가시니라 어떤 백부장의 (   )하는 (   )이 (   )들어 죽게 되었더니

(2) 백부장의 예수님에 향한 태도는?

눅 7:6..

(3) 기도와 성품과의 관계 (눅 18:9-14)

① 바리새인 / 11-12절..

② 세리 / 13절..

③ 예수님의 태도 / 14절..

6. 기도

(1) 집중된 사랑

막 7:33..

(2) 정확한 진단

막 7:32-33...

예수님은 어떤 문제든 그 문제의 원인을 찾아 근본적으로 문제를 해결해 주십니다.

막 2:5...

(3) 예수님의 기도의 형태는? (마 17:20)

막 7:34..

7. 모험

(1) 마 14:28-29에서

베드로의 다른 제자와 다른 점은?...

베드로의 기적의 이유는?...

(3) 베드로의 실수의 원인은?

마 14:30-31..

8. 비전

(1) 기원 / 막 5:25-27..

(2) 여인의 믿음 / 28절...

이 여인은 예수님과 대화하기 전에 먼저 자신과 대화를 하고 있습니다. 우리의 인생을 바꾸기 위해서는 우리 자신과의 대화에 주의를 기울여야 합니다. 많은 경우에 결정적인 변화의 순간을 점검해보면 자신과의 대화가 그런 결정을 만들어 내고 있음을 알 수 있습니다. 마음의 대화는 아주 중요한 대화입니다. 가장 중요한 대화는 비전과 희망과 격려의 대화입니다(시 42:5).

하나님의 기적이 이루어지는 과정을 적어봅시다.

엡 3:20..

(3) 치유 후의 사건 / 막 5:33-34(눅 17:15-16)..................................

....